智慧奔放・靈感不斷

智慧大餐

空字串／著

智慧是成功的本錢

人類的智慧，都在歷史人物的做人處事中說盡與表露無遺。

《智慧大餐》以古鑑今，可以改變你的一生，讓你在面對人生的各種難題，與多面的思考時，當下可以產生智慧靈感，而趨吉避凶，出奇制勝，邁向成功的人生。

空字串

智慧大餐　目錄

第1篇　以信用得天下的晉文公　13
第2篇　海鷗不見了　17
第3篇　三寸之舌勝過百萬大軍　20
第4篇　三種不祥的徵兆　26
第5篇　看穿對方的心機　29
第6篇　掌握民心的魯莊公　32
第7篇　僵化腦筋的下場　36
第8篇　最後一口氣的表演　39
第9篇　求才妙法　43
第10篇　妙計轉乾坤　48

智慧大餐　目錄

第11篇　不被勝仗沖昏了頭　52
第12篇　看穿一切的東郭牙　55
第13篇　奉承話裏藏危機　59
第14篇　才能與天命的覺醒　63
第15篇　未能貫徹忠言的下場　69
第16篇　不帶走一片雲彩的端木叔　74
第17篇　暗藏危機的厚禮　78
第18篇　個人耳目成不了一張大網　81
第19篇　到處都有道　85
第20篇　撥開生死的迷霧　88

智慧大餐　目錄

第21篇　昏庸愚昧的叔孫氏　92
第22篇　看透宰相為人的列子　97
第23篇　丁廚師的獨門功夫　100
第24篇　借刀奪愛的鄭袖　104
第25篇　接受不說的意見　109
第26篇　黃泉路上的最後絕計　111
第27篇　以失約點出了答案　116
第28篇　萬金難買好腦筋　119
第29篇　敢於當眾羞辱君王　122
第30篇　不懂求善的秦惠王　125

智慧大餐　目錄

第31篇　自取其辱的管燕　128
第32篇　注定失敗的原因　131
第33篇　拿自己的生命開玩笑　134
第34篇　專注可以創造奇蹟　137
第35篇　蘇秦的臨門一腳　140
第36篇　射箭高手嚇出一身冷汗　143
第37篇　求兵妙計　146
第38篇　芝麻小事引發兩國大戰　150
第39篇　一塊鼠肉帶來大災難　153
第40篇　柱厲叔的愚笨行為　156

智慧大餐　目錄

第41篇　牢騷話都不再說了　159
第42篇　一杯酒要了將軍的命　163
第43篇　孟嘗君的用才之別　166
第44篇　三兩下把眼中釘除掉　169
第45篇　管仲與鮑叔牙的高竿謀略　173
第46篇　用歪字點醒魯王　178
第47篇　鑑貌辨色的衛姬與管仲　182
第48篇　說服力超強的蘇秦　185
第49篇　投資培養人才的方法　190
第50篇　話講得漂亮又受用的子高　193

智慧大餐 目錄

第51篇 洞悉貪婪人性的任增 197
第52篇 以砍頭威名擊敗敵軍 201
第53篇 張良妙計立大功 205
第54篇 「一根骨頭」救了秦國 209
第55篇 說破嘴也沒有用 213
第56篇 以恨養恨的王孫商 216
第57篇 將軍被嚇昏了頭 221
第58篇 出神入化的讀心術 225
第59篇 功夫到了顛峰 228
第60篇 一箭定江山 231

智慧大餐 目錄

第61篇 愛怎樣就怎樣的後果 234
第62篇 當下頓悟的孟嘗君 237
第63篇 君子與小人的差別 240
第64篇 話裏藏刀的酈食其 243
第65篇 舌劍唇槍動天地 248
第66篇 一技之長用得恰恰好 252
第67篇 做起事來像瘋子 255
第68篇 賢人就在賢人的旁邊 258
第69篇 只為天下百姓著想的王曾 261
第70篇 因信任而信任的趙襄子 265

第1篇 以信用得天下的晉文公

勢在必得，說到做到。
以信立國，威武天下。

晉文公進攻「原」的時候，向士兵發誓：

「七天之內要攻下『原』。」

七天之後，仍然沒有攻下「原」，晉文公就下令撤兵。

這時候，派去探察軍情的間諜，回來報告說：

「大王，對方已經快撐不住了，正在打算投降。」

軍師就建議說：

「大王，勝利即將來臨，就等到他們投降再撤兵吧。」

晉文公卻說：

「信用是國家之寶。獲得了『原』，而喪失國家之寶，我不願意。」

於是，依照原定的計畫，撤兵回國。

隔年，晉文公又決定率兵攻「原」，並且向士兵發誓：

「這一次，我們一定要攻下『原』才回國。」

「原」聽到這個消息後，馬上就向晉文公投降。

衛國人聞訊，認為晉文公是個守信用的國王，因此，也歸順了晉國。

第1個智慧錦囊

晉文公第一次攻打「原」的時候，發誓七天內要打敗「原」，最大的目的是：向國人及天下顯示他「以信立國」的形象。

爲了這個目的，晉文公寧願放棄即將到手的「原」。

隔年，晉文公再一次攻打「原」的時候，發下「不攻下『原』絕不回國」的誓言。

這是因爲晉文公「以信立國」的形象已經建立，所以放出這個誓言，等於是向「原」警告：

「我是一個說到做到的人。」

「原」害怕這句誓言的力量，因此，馬上就投降。

衛國緊接著「原」而歸服晉文公，是因爲害怕晉國的強大。

由此可知，先找出做爲「餌」的一國，伐一而儆百，是稱霸者使弱小國家臣服的上謀之一。

由於伐一的效果大，就能不戰而使其他的國家臣服。

以企業經營來說，一個言而有信的經營者或主管，必定能得到公司員工的信賴，員工也會見賢思齊，如此，公司上下便會團結一致，業績不斷地成長，同業也會刮目相看。

這就是做人守信用，言出必行，善的循環的必然因果。

●智慧小點心：推銷商品，要靠品質。推銷自己，要靠品德。

第2篇 海鷗不見了

心有算計，弄巧成拙。
唯有坦誠，可以久長。

齊國時代，有一位住在海邊的人叫陳祺，非常喜歡海鷗。每天早晨，陳祺都到海灘跟海鷗嬉戲，每一次飛來的海鷗，都有百來隻。

有一天，陳祺的父親對他說：

「聽說那些海鷗都跟你相處得很好，明天你就想辦法抓一隻回來，讓我養在籠子裏玩玩吧。」

陳祺為了討父親的歡心，滿腦子想著，明天要如何捉一隻海鷗回來。

隔天，陳祺一早就到海邊等著海鷗，但只見海鷗群在上空盤旋，偏偏不肯飛下來。最後，陳祺只有空手失望而歸。

從此以後，陳祺再也見不到那一群海鷗的蹤影了。

第2個智慧錦囊

有時候，眞正的話，不能夠顯現在語言上；眞正的行為，也不能夠顯露在行為上。

當一個人心存歹念，對方必定有所警覺，而步步防範；當一個人心存善意，對方也必定會受其感染，而與你坦誠相待。

人心微妙，其變就在剎那間。

掌握人心，最管用的方法，不是謀術，更不是耍一些小聰明，而是真心地坦誠相待。

「坦誠相待，心誠則靈。」這是每一個人在心存歹念，或是打算以權謀算計別人的時候，應該及時想起的一句眞言。

●智慧小點心：心術不正的人，住任何地方都是牢獄。

第3篇 三寸之舌勝過百萬大軍

談判鬥智，臨危挺身而出。

毛遂自薦，果然排山倒海。

秦軍包圍趙都邯鄲。

趙惠文王的弟弟平原君，奉命到楚國求援。平原君遠赴楚國，打算挑選二十位的精良隨員。其中的十九位，很快就決定了下來，偏偏最後的一位，由於沒有適當的人選，遲遲難定。

正當平原君為這事煩惱時，有個叫毛遂的人，主動要求，希望跟隨平原君到楚國。

平原君問：「你在我這裏幾年了？」

「我已待了三年。」

「賢才在世，就像錐子放在袋子裏，銳利的尖端必定破袋而出。你在我這裏已經待了三年，卻從來沒有人提到你，我也沒聽過你的大名。這表示你無可取之處，你還是留在趙國。」

毛遂應聲回答：

「今天，我就是要你把我放到袋子裏去。還沒放進袋子裏，你怎麼知道錐子的尖端會不會跑出來？如果，你以前就把我放進袋子裏，尖端早就跑出來了。」

平原君見毛遂如此表示，只好帶他同行。

平原君謁見楚王後，企圖說服楚王聯趙抗秦，但是，從一大早談到了中午，仍然談不出一個結果來。

毛遂看不過去，手按著劍，疾步衝到殿上。

楚王見此情形，勃然大怒，喝斥說：

「我跟你的主人正在談論兩國大事，你卻如此無禮，給我滾開。」

毛遂手按著劍，一臉無懼，反而邁前一步，拉開嗓門昂然說道：

「大王敢如此在我的主公面前怒斥我，顯然是憑恃著楚軍之眾。

「可是別忘了，現在我與大王的距離，不過五步，大王身邊沒有將兵保護，大王的生命完全在我的掌握中。

「有力量的人，應該爲安定天下而盡力。

「以楚國的強大，可謂天下無敵。但是，那個秦國小將白起，居然一戰佔領了楚都，再戰燒毀了大王祖先的墳墓，三戰大破大王的父君，使其受辱許久。

「就楚國而言，這都是永遠難予消除的國仇家恨，連我們趙國，都爲大王感到遺憾、不平。

「奇怪的是，大王對這一些往事，似乎不以爲恥。「合縱之盟，說明白一些，對楚國更爲有利，並非完全爲了趙國。道理如此明確，大王爲什麼還推三阻四，如此猶豫？」

毛遂侃侃而談，氣勢之烈有如千刃齊出。

楚王給毛遂逼得無話可說，連忙喝血宣誓，答應參加合縱之盟。

平原君回到了趙國之後，說：

「從此以後，我再也不做什麼鑑定人物了。

「我鑑定過的人物，少說也有數百，一直自負爲百看百中，從來不漏看天下英才。

「現在，居然沒發現自己的食客毛遂，是個天下少有的賢才。他僅憑三寸之舌，即完成了勝過百萬大軍的偉業，太讓我佩服了。」

第3個智慧錦囊

唐朝的大詩人杜甫，曾經吟詠〈前出塞〉之詩數首，其中有一首，充分表達了這種奇謀的眞髓：

挽弓當挽強，用箭當用長。
射人先射馬，擒賊先擒王。
立國自有疆，苟能制侵凌，豈在多殺傷。

這一則史例，給現代人的啓示是：

1一個企業要屹立不搖，必須不斷而且善於發掘人才。

2經營者要有識人之明，莫讓小人當道，反而使賢者懷才不遇，糟塌了企業最有價值的資產。

如果，在企業中像毛遂那樣的人才，必須經過自薦才能脫穎而出，那就表示：

1經營者有眼無珠。

2經營者疏於發掘人才，得過且過。

3企業沒有一套完善的「人才提拔制度」。

總之，一個企業的經營者，對人才的發掘、認定、重用，如果是漫無標準，則在白熱化的企業競爭中，必然遭到淘汰。

●智慧小點心：閱讀好書，可以增長智慧。
時常行善，可以帶來快樂。

第4篇 三種不祥的徵兆

嗜欲無限，潛伏不祥。
良臣說理，頓然驚醒。

魯哀公想在宮殿的西側，擴建華麗的建築物。
史官強烈反對說：
「在西側還要擴建宮殿，是一件極爲不吉利的事。」
魯哀公很生氣，不聽任何親信的話。
魯哀公問大臣宰折睢：

「我打算擴建宮殿，史官們卻堅持說，這是極不吉利的事。你的看法如何？」

宰折睢答說：

「天下之大，只有三件不祥之事。宮殿西側的擴建工程，臣認爲跟這無關。」

魯哀公聞言大喜，但是，忽有所思地問說：

「你說的三不祥，到底指的是什麼？」

宰折睢答說：

「不行禮儀，這是第一個不祥。

「嗜欲無限，這是第二個不祥。

「強諫而不聽，這是第三個不祥。」

魯哀公沈思了一會兒，心平靜氣地檢討反省後，自認爲不妥，終於下令停止擴建工程。

第4個智慧錦囊

對上司進言，或是向企業的最高負責人進諫，必須講究方法。否則，即令說得理正詞嚴，還是得不到預期的結果。

宰折睢的進諫手法，可以套用於現代企業「以退為進」的說服技巧。他既不傷了君臣之間的和氣，也達到激發魯哀公良知頓悟的效果。經營者或是企業幹部，從這個故事中，可以得到很珍貴的啓示。

●智慧小點心：欺人一時，心虧一世。

第5篇 看穿對方的心機

隆重招待，違背常理。
危機已現，憂心忡忡。

齊國攻打宋國。

宋王派遣藏孫子為使節，來到了南方的荊國。荊王對待藏孫子以貴賓之禮，特地設國宴歡迎他，二話不說，很乾脆地允諾派兵救援宋國。

藏孫子在回國途中，一路上面有憂色。

旁邊的隨從感到很奇怪，問藏孫子：

「大爺去荊國求援，對方已經允諾，這算是不辱使命了，怎麼面有憂色呢？」

藏孫子答說：

「你有所不知，宋是小國，齊是大國，派兵救援小國（宋）而得罪了大國（齊），誰都不願意做這一種事。如今，荊王卻高高興興允諾救援宋國。

「他的用意很明顯：使宋國有了自信，決心跟齊國猛拼，讓齊國因而國力疲困。荊王眞正的目的在這裏，所以，荊國不可能派兵救援宋國，我就是想到這一點，才悶悶不樂而憂心。」

藏孫子回國後，齊軍攻進宋國，宋國連續失陷五城。

而事情正如藏孫子擔心的，荊國一直沒有派出救兵援助宋國。

第5個智慧錦囊

藏孫子由於荊王歡迎他的方式，過份隆重，才心起戒意，而且立刻看穿荊王的計謀。

這個故事在現代企業的商業談判，或是人事管理上，給了我們很大的警惕。

換句話說，凡事顯得太誇張（不自然），就得要小心防範對方的不良企圖。

要看穿對方的眞意，除了靠經驗而來的「第六感」，還得多方磨練自己的觀察力，兩者相加或是交替應用，才能夠免於中計，免於受到危害。

●智慧小點心：窮中不貪財，是義中義。貴中不貪權，是福中福。

第6篇 掌握民心的魯莊公

市井之德，何以服人？
以小搏大，必有妙計。

魯國大臣曹劌晉見魯莊公，開口就問：

「聽說王上已經決定與齊國一戰。齊大魯小，請問王上，您是憑什麼條件，下了這樣的決定？」

魯莊公說：

「我一直待人以厚。當我吃到美味，或是看到漂亮的衣服，不會獨自佔有，總是把那些東西分給下面的人。平時我對待他們這麼好，我相信在國家危急的時候，他們必定會全力支持我，跟齊國一決勝負。」

曹劌聽了之後，語重心長地說：

「這只是小小的恩惠，說穿了是市井之德而已。不管王上積了多少小小的恩惠，德澤也不可能及於所有的人。只施給身邊的人小小的恩惠，王上就認爲人民肯爲王上捨命，這樣的想法，太一廂情願了。」

魯莊公笑著又說：

「這當然不是重點，重要的是，以人民的訴訟案件來說，不論案件的大小，我總是嚴格監督全國官員務必公正無私，愼重處理，讓全國人民沒有怨恨。拿這一點來說，人民應該全力支持我。」

曹劌聽了這些話，點了點頭說：

「王上如此重視人民的訴訟案件，而且秉持公正、合理的原則，這就合乎忠的道理了。憑這一點，王上就可以獲得人民的信賴，有實力與齊國一決勝負了。」

果然不出所料，魯莊公在全國人民的信心支持之下，擊潰了齊國，大獲全勝。

第6個智慧錦囊

一個領導者要獲得屬下信賴，只靠略施小惠，是無法成功的。

任何人要獲得對方，或是團體的信任，一定要讓人感覺到，本身具有智慧、才幹、處事公正的好品德，而且一以貫之，才會讓人有心嚮往之的信賴感，而為其忠心做事，全力以赴。

一個人不可能獨力完成大事大業，必須有旁人鼎力相助，才可以把事情做得圓滿成功。

如果一心只想以虛偽與不正當的手段，來欺騙別人，事到臨頭，必然被人看穿，而身敗名裂。

●智慧小點心：見人有快樂的事，當生歡喜心。見人有痛苦的事，當生憐憫心。

第7篇 僵化腦筋的下場

史官歪理，不知變通。
為政昏昧，國運悲慘。

紂王受德（殷朝的最後暴君）有兩個哥哥，大哥叫做微子啓，二哥叫做中衍。

受德的年紀，比兩個哥哥小很多。

受德的母親生下微子啓和中衍的時候，還是個寵妾，當了正室之後，她才生下受德。

受德的父親，原本想要立微子啓爲太子，卻遇到了腦筋死板的史官，拿法律上的規定辯論說：「有了正室的兒子，怎麼可以立寵妾的兒子當太子？」

一場辯論之後，受德（紂王）就成了王位繼承人，也帶給了殷朝末代的悲慘命運。

第7個智慧錦囊

企業都具有一定的制度，以便發揮強大的組織力，在商場攻城掠地，佔有市場。但也要知道，制度是活的，絕不能任其僵化。

當情勢轉變，原有的制度已經不適合，就要迅速改弦易轍，以魄力做大刀闊斧的修正，或是做靈活的運用，以免應變不及，造成遺憾。

企業經營者如果一意堅持不合時宜的制度，不思改進，任由小人牽著鼻子走，這種企業必定活力大失，難以在瞬息萬變的工商社會存活，而淪為下等企業，甚至遭到淘汰的命運。

●智慧小點心：勇於承擔與挑戰，是一幅動人的畫面。

第8篇 最後一口氣的表演

為求功名，重禮為餌。
臨死關頭，吞了真話。

韓國宰相張譴，纏綿病榻，病情不樂觀。
公乘無正帶了三十金重禮，去探望張譴的病。
一個月後，韓王親自去探望張譴問說：
「萬一你有個三長兩短，到底以誰代替你？」
張譴答說：

「公子食我比我更掌握了民心，不過，公乘無正是個尊崇國法，敬重上司、長輩的人。」

張譴去世之後，韓王毫不猶豫地任命公乘無正爲宰相。

第8個智慧錦囊

接替張譴的人有兩個，一個是公乘無正，一個是公子食我。兩個人互爭宰相職位，最後，宰相職位歸於帶三十金去探病的公乘無正。

韓王探望張譴時，聽出了張譴話中的弦外之音——用一個尊崇國法，敬重上司的人做爲宰相，國王才能高枕無憂。

連即將去世的人，都會爲了三十金，而決定了由誰繼任宰相，金錢的誘惑，由此可見。

韓王面臨二中擇一的局面，難免會有一番猶豫，但是，由於張譴分析了二人的長處，暗中指出以公乘無正為宰相，對國王才有好處。

張譴就為了三十金的緣故，才以九鼎之力，幫公乘無正講話，韓王不知不覺中依計而行。

韓王根本不知道，張譴說那些話，是由於收了公乘無正的三十金。

這則史例給現代人的警惕是：

金錢的誘惑力不能夠輕忽，經營者務必多方防範競爭對手，以金錢的計謀，來對付你的企業與員工。

每一家公司的人事晉升，要有一套科學、公正的考績辦法，切莫夾雜不正當的金錢與人為因素，以免給公司帶來困擾。

自古以來，每一個國家的政府官員、民代，會身繫牢獄，幾乎都是因為受不了金錢的誘惑，而不擇手段去賄賂、貪污，以致身敗名裂，令人唾棄。

佛陀說：「貪取不當的錢財，就像是被毒蛇咬到，必定中毒而滅。」

●智慧小點心：一個人的貴或賤，不是看他富有或貧窮，而是看他的心地是否善良。

第9篇 求才妙法

重賞之計，必有賢才。
智臣獻策，直扣人心。

齊國攻打燕國，燕國節節敗退，喪失了一大半的領土。

燕昭王即位後，禮待賢士，積極尋才，等待報仇的機會。

有一天，燕昭王問大臣郭隗：

「怎麼做才能獲得興國大才？」

郭隗答說：

「臣先講一個故事給大王聽：從前，有一位君王，打算以千金買一匹千里馬，但是，過了三年還是未能如願。

「這時候，有個家臣自請要完成此一使命。

「君王給他千金，他就出去尋訪千里馬。

「三天後，家臣就探聽到千里馬所在之地，可惜，他到達之前，千里馬剛剛得病而死。

「那個家臣就以五百金，買了那匹千里馬的骨頭。

「當他回來報告此行的結果時，君王大怒說：『我要的是活馬，你卻以五百金買了死馬，你太離譜了。』

「家臣回答說：『王上，請息怒，聽臣道來：連死了的千里馬，我們都肯用五百金買下，這個消息一傳出去，眾人就會認爲：活馬的話，價格必定更高。王上不用發愁，臣認爲，不出多久，您就可以獲得滿意的千里馬。』果然，在一年之內，帶千里馬來的，多達三人。

「現在，大王若有求賢之心，不妨先向臣待之以師禮。「對孤陋如臣的我，大王亦能禮遇如此，消息一出，大家就會認爲，比臣更傑出的人，必然能夠獲得更大的禮遇。到時候，各地賢士就會不遠千里趕來了。」

燕昭王聽完郭隗的訴說之後，深有同感，立即下令爲郭隗蓋了一座宮殿（黃金台），並且待之以師禮。

這個消息傳到各國之後，天下賢才爭相赴燕國。

這些人有：趙國名將樂毅、趙國名宰相劇辛、齊國陰陽家泰斗鄒衍。天下賢士齊集於燕國之後，燕昭王與這些「千里馬」，同甘共苦了二十八年。

後來，燕昭王就與秦、楚、隸、魏、趙五國，合謀伐齊，大破齊軍，終於洗雪宿仇。

第9個智慧錦囊

兵法《六韜・三略》中，有一句話：「無財則賢士不來，無賞則賢士不前。」

又說：

「以禮待士之後，如果後悔這件事，士就拂袖而去。

「同理，重賞之後，如果後悔這件事，士就看破了這種小氣的主人，急於求去。

「如果，不吝惜禮、賞，天下之士就會爭相赴死。」

又說：

「絲細餌明，就有小魚上鉤；絲中餌香，就有中魚上鉤；絲粗餌豐，就有大魚上鉤。

「魚兒吃餌，因而被釣上來；人，由於食人之祿，而服從於君王。」以現代的企業經營來說，只要衷心禮待賢士（人才），企業就能因得人而昌。

燕昭王能獲得天下賢士，是由於表明了求才若渴之心，現代的經營者也要有這種胸襟與眼光。

至於郭隗所獻計「由郭隗開始來吸引人才」，這一件事就現代企業而言，便是「人才錄用制度」以及「人才提拔制度」，純屬公司經營管理的運用技巧。

●智慧小點心：人的心情最開朗的時候，就是智慧與善良結合而成的。

第10篇 妙計轉乾坤

面對強敵，趁虛而入。
圍魏救趙，舉重若輕。

魏惠王十七年（西元前三五四年），魏軍率兵攻打趙國，趙國不敵，形勢危急，於是趙王獻地給齊王，請其出兵救趙。

齊王答應後，打算封孫臏為將軍，孫臏卻拒絕說：「臣有前科，不宜統率大軍。」

齊王便改以田忌為將軍，孫臏為軍師。

孫臏在帶篷馬車上，坐而擬定戰略。

將軍田忌正想下令出動軍隊，向趙國出發，孫臏卻獻計說：

「要解開纏結處處的絲線，若是硬拉它，勢必纏得更緊。同理，要把揪在一起打架的雙方勸開，千萬不能出手毆打。

「最好的方法是：扼住氣嗓（聲門），出其不意，使其態勢一亂，雙方自然而然就會分開。

「目前，魏國與趙國互攻，精兵盡出，只剩下老弱之兵，在守衛他們的國土。將軍大可率兵直攻魏國首都大梁，佔據街市，攻其宮殿，魏兵就會被逼迫，而不再圍趙，必定趕回來救國都之危。如此一來，不但解救了趙國，魏國也會國力大損。」

田忌認為有理，便依孫臏的計策而行。

魏軍果然從趙都（邯鄲）大舉撤兵，而後與齊軍交戰於桂陵（山東省荷澤縣）。

結果是：齊軍大勝，魏軍則節節敗退，落荒而逃。

第10個智慧錦囊

著名兵法家孫臏，在這次戰役之中，證實他的確有非凡的戰略手腕。攻擊敵方的致勝要訣，就是要靠天時、地利、人和的客觀條件。

天時就是：歷史、時間、天候。

地利就是：地理、空間、地形。

人和就是：人際關係良好，團結一致，眾志成城。

敵陣縱然是難破，不可能在一年三百六十五天，一天二十四小時的每一瞬間，都出現不可乘之機。

縱令是立於有利的位置，且堅守城堡，固若金湯，也不可能連個小弱點都沒有。

縱令是士氣高昂，團結一致，也不可能絕不發生精神鬆弛、人爲糾紛之類的事。

縱令擬定了周密的戰略計畫，也有千慮一失的可能。也就是說，要逮住天時、地利、人和的某些可乘之機（盲點、死角），此即避「實」攻「虛」的手法。

魏國以全國精銳之師攻趙，首都的防備就出現了可乘之機（虛），孫臏謀略高竿，一舉擊中魏國的要害，而出奇制勝。

●智慧小點心：自己辦不到的事，切勿答應別人。答應別人的事，就必須實踐自己的諾言。

第11篇 不被勝仗沖昏了頭

旗開得勝，憂愁在心。
反省警惕，常保江山。

趙襄子出兵攻打翟國，奪得尤、終二邑。

敵國的使者前來拜謁他的時候，趙襄子正要吃飯。

近臣見趙襄子露出不安的神情，就趨前問說：

「一出兵就立刻攻下了兩個城邑，人人都爲這次勝利而高興，您卻神色不安，這是爲什麼？」

趙襄子回答：

「再大的河流，有時候，在不到三天之內，就河水驟減。再大的暴風雨，也不可能日以繼夜地猛吹猛下個不停。太陽高掛在中天，也是爲時不多久的。現在，我趙氏也不是積了什麼特別的功德，一下子就勝得了兩個城邑，我擔心，是不是亡國的慘事，不久後也會降臨到我的身上呢？」

孔子聽聞這件事後，說道：「趙襄子這一族的人，一定會繼續興隆下去。」

第11個智慧錦囊

趙襄子勝而不驕，善於反省，和警惕自己的工夫，可以讓企業經營者體會到，今天的成功，不代表永遠的成功。

就如佛家提醒世人的一句話：「人在得意時，背後往往會有一隻兇猛的老虎在張牙舞爪著。」

企業在巔峰狀態，或是無往不利的時候，經營者若是只知沾沾自喜，還憑其財大勢大，不知戒慎警惕，再大的企業，總有一天，也會在一夕之間崩潰。

因此，能夠居安思危的經營者，才可以確保企業的永續經營。

●智慧小點心：人與人的相遇，來自緣份。
人與人的相處，貴在相知。

第12篇 看穿一切的東郭牙

察言觀色，一語道破。
細膩之心，大有學問。

齊桓公和管仲商量攻打莒國的事，而在還沒公開這個計畫之前，消息就傳遍了宮內。

齊桓公感到奇怪，問管仲：

「我和你計畫攻打莒國的事，未公開之前就傳遍了宮內，這是什麼原因？」

管仲回答說：

「也許，宮內出現善於預測的人物了。我倒想起了一個人，服工役的工人中，有一個人臉低下，向上轉動眼珠看我，神色的確跟一般人不同，說不定就是他。」

管仲就吩咐迎賓官，把他帶到宮殿，這個人叫東郭牙。

管仲問東郭牙：

「是你宣揚了攻打莒國的事？」

「不錯。」東郭牙微笑地說。

管仲又問：

「我不曾向任何人說過伐莒的事，你是怎麼猜到的？」

東郭牙胸有成竹地說：

「君子有三種。

「歡歡喜喜、快快樂樂，是屬於在欣賞音樂的時候，表現出來的那一種。

「悲悲傷傷、寂寂寞寞，是屬於在服喪的時候，表現出來的那一種。

「心裏急得慌，氣力充足，手腳顫抖，是屬於在打仗的時候，表現出來的那一種。

「我遠遠看到你急急走上樓台，是一副心慌、氣力充足、手腳顫抖的模樣，這正是打仗時候表現出來的那一種態勢。

「你的嘴巴一直張開著，沒有立刻閉上，嘴唇的形狀，似乎是說了莒字。

「你舉起手臂指了指，正是莒國的方向。

「我一想，諸侯之中還沒有服從齊國的，只有莒國了。

「把這些情況做一個歸納，可以判斷說，齊國就要攻打莒國了。」

管仲聽完後，哈哈大笑，認為東郭牙的確有他的一套觀察學問，立即把東郭牙調升為他身邊的人，一起為齊桓公效勞。

第12個智慧錦囊

耳朵能聽到的，捨聲音之外，別無其他。

東郭牙不去聽聲音，他聽的是「舉止」、「神色」，也就是說，不以耳朵去聽，而以眼、心去明斷。

東郭牙知道「只是以耳朵去聽，並非可靠的道理」，因此動用觀察力與歸納力，去明辨事物。

經營者與主管，如果具備這種觀念與能力，必能明察秋毫，而有識人之明，公司自然可以大展雄風。

●智慧小點心：信任他人比懷疑他人，更能夠領導人。

第13篇 奉承話裏藏危機

旁人讚美，無人可比。
猛然大悟，改變國運。

鄒忌是齊國的宰相，身高八尺有餘，容姿英挺俊秀。

他穿好上朝的衣帽，對鏡自照後，問妻子說：

「我跟城北的徐公比起來，誰長得俊美？」

妻子回答：

「這還用得著說，當然是你俊美多了。徐公怎能比得上你？」

城北的徐公，是齊國有名的第一美男子。鄒忌聽了妻子的話，還是沒什麼信心，回頭又拿同樣的問題問他的寵妾：

「我跟城北的徐公比起來，誰長得俊美？」

「徐公當然比不上你了。」

隔天，有客來訪。鄒忌在坐下來閒聊的時候，又提出這個話題來：

「我跟徐公相比，究竟哪個人俊美？」

客人答說：

「當然是你俊美。」

隔了一天，恰巧徐公來找鄒忌。鄒忌暗中細加觀察，覺得自己實在不如徐公。事後，他窺鏡自視，更覺得自己差徐公一大截。

晚上，他邊睡邊想：

「我的妻子稱讚我俊美，是因爲她愛我；我的寵妾稱讚我，是因爲她怕我；客人稱讚我，是因爲對我有所求。

「我自知不及徐公的俊美，可是，我的妻子爲了愛我，我的妾爲了怕我，我的客人爲了有求於我，都說我長得比徐公還要俊美。

「推想而知，齊國地方千里，百二十城，宮女也好，近臣也好，無不愛王上；朝廷的眾臣，無不畏懼王上；國內的人民，無不對王上有所求。

「這麼說，王上所受的蒙蔽可眞是太深了。」

隔天，鄒忌立即面奏齊威王，把昨夜心裏想的眞心話，一一說出來。

齊威王認爲鄒忌說得有理，於是立刻下令說：

「群臣、吏民能當著寡人的面諫言的，可受重賞；上書而諫寡人的，可受中賞；在街市謗議寡人，而傳到寡人耳裏的，可受下賞。」

第13個智慧錦囊

奉承話令人舒坦，因此，被奉承的人，往往忘了奉承者的眞正意圖。

一個經營者如果稍被奉承就渾身舒適，勢必蒙蔽了理智，就分不出善惡，甚至受小人操縱。

齊威王感於宰相鄒忌的獻言，而廣求諫言於天下的作爲，值得現代的爲政者與企業經營者，銘記在心。

●**智慧小點心**：仁慈與誠實，不僅會提高個人的品格，也會提升國家的國格。

第14篇 才能與天命的覺醒

長相才能，伯仲之間。
天命之別，相差千里。

有一天，北宮子對西門子說：

「我跟你同時在此做事，別人偏是要提拔你。

「我跟你是同一宗族，別人總是尊敬你；論長相也差不到哪裡，別人就是喜歡你。

「說的話也大同小異，別人偏要聽你的；行爲也大致相仿，別人硬是認為你比較誠實。

「同時在做官，別人總是讓你出人頭地；同時在營農，別人總是讓你富裕；同時在經商，別人總是讓你有賺頭。

「我穿的是簡陋的衣服，吃的是粗食，住的是破屋，出門總得靠一雙腿。你呢，衣服華美，三餐豐盛，屋子有數棟，外出必坐四頭馬車。

「你在家，只管自己寫意，一點不把我放在心上；在官署裏，總是對我不留點情面，臉上充滿傲氣。我想見你，你偏不見，數年來，一同出遊的機會一次也沒有。難道你自以為才能高過我不成？」

西門子答說：

「我也摸不透這種原因，你做什麼總是事事不如意，我做什麼總是事事如意。

「我想，八成是才能高低不同的關係吧。但是，你卻說條件、人品都跟我一樣，厚著臉說這種話，未免太不自知了。」

北宮子被西門子說得無話可答，頹然而回。途中遇到東廓先生。

東廓先生說：

「北宮子，你上哪兒去了？腳步那麼沈重，又是一臉的慚愧相，究竟是怎麼了？」

北宮子把剛才發生的事情告訴他，東廓先生說：

「好吧，讓我替你洗雪這一個恥辱。我們再去找西門子，我跟他評評理。」

到了西門子的家，東廓先生就問：

「你爲什麼把北宮子羞辱到那種程度呢？且說個道理給我聽聽。」

西門子答說：

「是這樣的，北宮子說，他跟我出生在同一個時代，家世、年齡、容貌、言談都跟我一樣，偏偏身份、財產、地位都不如我。我就說，這個原因我也猜不透，不過，他事事不如意，我事事如意，八成是才能高低的關係。我又說了他一句：『厚著臉說條件、人品都跟我一樣，未免太不自知了。』事情的經過就是這樣。」

東廓先生向西門子說：

「你說的什麼高啦、低啦，這種差異似乎是拿才能而說的。我現在要說的厚薄，跟這不同。你要知道，北宮子是厚於才能，薄於天命，你呢，是厚於天命，薄於才能。

「也就是說，你能夠事事如意，並非才智得來，北宮子事事不如意，並非愚笨得來。

「這都是天命，不是人力可以挽回。你命厚而自矜，北宮子德厚而自愧。你們倆都沒察覺到，這都是命運使然的道理。」

西門子終於服了東廓的道理，說：

「先生，請不要再說下去了，我再也不敢說那種話了。」

北宮子回家以後，就像換了一個人。穿陋衣，覺得溫暖如穿了皮衣；吃粗陋的三餐，覺得味美如佳餚；住在陋屋，覺得如在華屋；坐破舊的車子，覺得如坐華車。

終其一生，北宮子都心境開朗，什麼名譽、恥辱，都不掛在心上。

東廓先生聽到這個消息就說：

「北宮子一直糊裡糊塗過日子，如在夢中，我的一句話總算使他開了竅。這一層道理，簡單得很，說破了，任何人都懂。」

第14個智慧錦囊

一些公司的部屬，不瞭解自己，只知怪罪別人而憂愁終日。如果有幸被智者一語驚醒，往往改變了觀念，從此判若兩人。

一個人失意的時候，要處之以忍；得意的時候，要處之以淡。

更重要的是：一個人必須認清自己，瞭解對方，溝通有方之後，才能夠在工作崗位上愉快過日，發揮各人的潛能。

企業中的經營者或主管，要有東鄺先生那種「一語既出，眾皆心服」的說服力，才能停止部屬間的不滿；如此，可以造成部門之間的和諧，使企業擁有無堅不摧的戰鬥力。

●智慧小點心：做事要認眞，享受要敷衍。

第15篇 未能貫徹忠言的下場

足智多謀，病危道出玄機。
君王無知，落得悲慘下場。

齊桓公在宰相管仲病重時去探望他，問說：「你這一次的病看來很嚴重，可有什麼事交待我？」

「王上，定居的人不把行李堆在車上，旅行的人不把東西埋起來。我是要出發做死亡旅行的人，何必問我這問題？」

「宰相呀，別說客氣話了，趕快說。」

「請大王疏遠身邊的易牙、豎刁、常之巫、衛公子啓方那一夥人。」

「易牙連自己的孩子都煮給我吃，使我滿足了口腹之慾，這種人也要懷疑嗎？」

「世上誰不愛自己的兒子？連兒子都肯殺死的人，會把殺君王不當一回事的。」

「豎刁自動地閹割自己，請求在我身邊伺候，這種人也要懷疑嗎？」

「世上誰不愛自己的身體？連自己的身體都肯毀傷的人，會把傷害君王不當一回事的。」

「常之巫看透了人間生死，是一個善於驅邪避鬼的人，這種人也要懷疑嗎？」

「人的生死，命中注定，人被邪物、鬼怪附了身，那是自己的過錯。大王如果不遵守根本之道，只依賴常之巫，有一天，他就胡所非爲了。」

「衛公子啓方已經服侍我十五年，連父親死亡都不回國奔喪，這種人也要懷疑嗎？」

「誰不愛父親？父親死了，卻一點也不在乎，這種人會把君王的死不當一回事的。」

「我知道了。」

管仲死後，齊桓公照他的話，把這些人全都驅逐出境。

可是，易牙不在，齊桓公就覺得三餐無味；豎刁不在，後宮亂如麻；常之巫不在，齊桓公就覺得鬼邪纏身；啓方不在，政事顯得雜亂無序。

三年後，齊桓公就大發牢騷：

「管仲錯了，他根本不是料事如神的人。」

於是，下令把這一夥人全都召回來。

第二年，齊桓公患了病，常之巫從宮裏出來，他到處造謠說：

「齊桓公在某月某日必定死亡。」

易牙、豎刁、常之巫連手作亂，把宮門緊閉，築了高牆，不讓任何人進出，向外假稱這都是齊桓公的命令。

一位兵士爬過牆，偷偷跑到齊桓公的身邊。

齊桓公說：

「我想吃東西。」

「沒辦法，大王。」

「我想喝些什麼。」

「沒辦法，大王。」

「爲什麼？」

兵士答說：

「常之巫到宮外造謠說：齊桓公在某月某日必定死亡。易牙、豎刁、常之巫合謀作亂，把宮門關掉，還築了高牆，不讓任何人進出；所以，什麼東西都沒有辦法拿到。那個衛公子啓方，已經奪去千戶土地，向衛國投降了。」

齊桓公聽完了兵士的話，連聲長嘆，流著眼淚說：「唉，管仲的確把事情看得很遠。我離開了世間之後在地下，眞的沒有臉見他。」

齊桓公後來在壽宮去世，蛆蟲都從屍體爬出來了，卻只給齊桓公蓋上一張門板，三個月之久，丟放在那裏，無人看管。

第15個智慧錦囊

齊桓公這種悲慘的遭遇，追根究柢，錯在自己。

以現代的企業經營來說，經營者身旁即使有傑出的幹才，不時替經營者指出正確的方向，如果經營者的眼光短視，無法堅持原則，末路必定像齊桓公那樣悲慘，值得深思警惕。

●智慧小點心：受人尊重，就是偉大。

第16篇 不帶走一片雲彩的端木叔

樂善好施，無牽無掛。
榮華富貴，如雲如煙。

衛國人端木叔，樂善好施，是孔子的學生子貢的子孫。

端木叔繼承了祖先的遺產，家財萬貫，處處幫助別人，想做什麼就做什麼，過著無憂無慮、無拘無束的日子。

凡是一般人想做的，想得手的，他都做了，也都得到了。

不管是宅邸、高樓、庭園、池塘的建築裝飾，吃的、乘的、穿的，甚至是歌樂、侍女，場面足與齊、楚這些大國的君王較量。

只要「情所欲好，耳所欲聽，目所欲視，口所欲嚐」，即使是遠在異邦，不是國內生產的，他也是設法弄到手，就像那些東西全在自家一般，與朋友共享。

端木叔決定遊山玩水時，不管什麼山川險阻，路途遙遠，就像「人之行咫步」，說走就走，輕鬆得很，沒有任何牽掛。

每天來到端木叔家中的賓客、友人，總會有數十人，因此庖廚之下，不絕煙火；廳堂之上，不絕聲樂。

端木叔只要是收入有餘，他先把錢散給宗族；還有餘，就再散給鄉里的人；再有餘，就散給全國各地。

端木叔六十歲時，體力漸衰，就不再管理家事。一年之中，把庫藏的珍寶、車服施捨給需要的人，將侍女全都遣散，不為子孫留下財產。

端木叔死後，兩袖清風，受過他施捨的人，大家都盡力出錢，為他舉行隆重追思葬禮，也把他們得自端木叔的大部份財產，還給了他的子孫。

第16個智慧錦囊

現代經營者與一般人，在全力追求利潤、財富的時候，也應該有一顆像端木叔那樣度量寬大的心，看淡錢財，濟助別人，認清自己是「宇宙的過客」，不要被功利蒙蔽，成爲銅臭味十足的人。

端木叔財去不留，心無罣礙，樂於幫助人，與朋友共享，視榮華富貴如鏡花水月、如過眼雲煙的情懷，讓人想起了明朝高僧悟空的一首〈萬空歌〉：

天空空，地空空，
人生渺茫在其中。
日也空，月也空，

東昇西墜為誰功。
權也空，名也空，
盛衰興亡快如風。
財也空，物也空，
死後何曾握手中。
妻也空，子也空，
黃泉路上不相逢。
空空空，空空空。

●智慧小點心：忙中對人不冷淡，累時對人不厭煩，這就是修行。

第17篇 暗藏危機的厚禮

無功受祿，反道三思。
賢人指點，危機解除。

楚國大王企圖攻打衛國，因此，先送野馬四百匹、白璧一個給衛王。

衛王大喜，眾臣也同聲祝賀，但是，只有大臣南文子面有憂色。

衛王大為詫異，問：

「楚國對我們示好，人人喜形於色，為什麼只有你憂愁滿面？」

南文子答說：

「無功受賞，無勞有人示禮，碰到這種事，都要三思。一個白璧、四百匹野馬，本來是小國對大國應盡的禮節，如今卻反過來由大國對小國如此。大王務必對楚王的企圖，有所明察才是。」

衛王聽了大臣南文子的提示，恍然大悟，立即傳令國境駐軍，採取警戒措施。

果然不出大臣南文子所料，不久楚國大王就率軍襲擊衛國。

楚國大王的軍隊到了衛國城門，看見衛國戒備森嚴，無懈可擊，楚國大王便知趣調轉馬頭，向將軍與士兵們說了一句：「衛國有賢人，早就看穿了我的計謀。」

第17個智慧錦囊

自己沒有什麼傑出的表現，經營者卻突然送給你貴重的禮物或金錢。

自己沒有什麼功勞，總經理卻突然送給你財物或大獎。

如果發生這種現象，就應該注意到：

一、上司一定對你有所求。

二、某種計謀正在進行中。送財物或是賞你大禮，便是計謀正在進行的徵兆，計謀的對象不是別人，正是你本人。

也就是說，依常情常理來判斷，不可能對你示好的人，忽然改變了作風，那時候，可先別高興，你應該深入分析背後隱藏的企圖。

處身於工商社會的每一個人，至少要具備這種警覺性，以免遭受利用或是受害。

●智慧小點心：仁慈爲懷，不會寂寞。
輕視別人，必然孤獨。

第18篇 個人耳目成不了一張大網

耳目判斷是非，累己累人。
治國必有其道，事半功倍。

有一天，鄭國的大臣子產起了個大早。

當他經過「東匠」的街頭，聽到一個女人哭號的聲音。

子產叫馭者停車，傾耳仔細聽了好一會兒，這才派遣官吏，逮來哭號的那個女人，結果，查出那女人是殺夫的罪犯。

馭者問子產：「老爺，您是怎麼聽出來的？」

子產答說：

「她的哭聲，充滿了恐懼。

「人，通常在親人生病時，就會牽腸掛肚；在親人快死時，就會害怕萬分；直到死了，就傷心悲痛。可是，那女人就不同。

「她，雖然爲丈夫的死而哭泣，但是，沒有傷心，只有恐懼。

「我就判斷，她或許做了什麼壞事。」

賢者評論這件事，就說：

「子產的治理方式，眞是累人。壞事必須以自己的耳目來確定，才可以發現，由此推斷，在鄭國可以逮到的歹徒，必然爲數甚少。

「不把法律的事，交給司法機關的官吏，法度也不明確，只靠著耳目動腦筋，而發現歹人壞事，這就是缺乏策略。」

第18個智慧錦囊

每一個人必須知道，物繁智少，而「寡」總是敵不過「眾」的。光靠「智」，無法盡知物事的道理。因此，就有必要以物治物。人民多到幾千萬時，治理的人，相比之下，少之又少。寡不敵眾，所以，君王無法盡知人臣的一切，這就有必要以人知人。這麼一來，身體不倦，物事大治，不動腦筋，也可以揭發惡行。這就好像是一張大網，一張開，壞人便會無所逃遁，何等輕鬆。老子說過：「以智治國者，國之賊。」這句話，正好可以用在子產身上。

現代企業的經營者，要輕輕鬆鬆做到「物事大治」，必須透過幹練的企業大才，分轄至各部門，並以授權、追蹤、考核的方法，來建立分層管理的制度，藉此帶動管理績效。

否則，像子產那樣的治理（經營）企業，恐怕勞累終日，效果畢竟有限。

●**智慧小點心**：養成想到就做的習慣，你會發現自己隨時都有新的成果。

第19篇 到處都有道

道在何處，越問越迷糊。
莊子解惑，當下開了竅。

有一天，東郭子問莊子說：

「您說的『道』，到底在什麼地方？」

「到處都有呀。螻蛄啦、螞蟻啦，道就在這些生物上。」

「爲什麼會在這種微不足道的生物上呢？」

莊子回答：「秕子啦、稗子啦，道也在這些東西上面。」

「經你一說，道就更顯得沒價值了。」

「瓦塊上也有。」

東郭子非常不滿意地說：「這不是越說越離譜？」

等到東郭子不再吭聲了，莊子才說：

「老實說，你質問的不是地方。例如，掌管國王宴會的官吏，叫市場管理員踏著豬查看肥瘦時，愈往下（臀部或是腳部）踏著查看，愈能夠清楚。

「你呀，先別一口咬定說『道』，是在某一個特定的地方，也別以爲『道』是存在某些超越一般性的事物上。」

第19個智慧錦囊

莊子的意思，「道」不是深奧難懂，而是任何事、物上無所不在。

一般的企業經營者常常誤以爲，經營管理的「道」，難窺其奧，甚至於認爲，「高深」才是了不起的「道」。其實，眞理的特點是：單純、明確、簡易。

就像是下雨，我們要出門就必須撐傘一樣，經營管理之「道」，說穿了，就是做「合理的事」、「有道理的事」而已。這些合理、有道理的事做了多少，便是一個企業成功與否的關鍵。

●**智慧小點心**：高興時，思想容易混淆，心必須謹慎。
憤怒時，思想容易武斷，心必須緩和。

第20篇 撥開生死的迷霧

老子過世，哭得死去活來。
了透生死，道出生命永恆。

老子死的時候，他的朋友秦失前去弔喪。

秦失去是去了，卻只不過擺個樣子，小哭了幾聲就要走。

老子的學生，一肚子懷疑，問說：

「您是我們老師的朋友嗎？」

「是啊。」

「您應該表現得更悲傷一些，怎麼小哭了幾聲就要走了？」

秦失解釋說：

「小哭幾聲已經不錯了。看到那些老人，哭得像死了兒子；那些年輕人，哭得像死了父母，一夥人哭得死去活來。前來弔喪的人，都是這副模樣。

「其實，爲了一個人的死，而哭而號，是逃避了天理，違背了自然的情理，這是忘了上天所賜的生命，是怎麼一回事的行爲。

「古人甚且稱它爲『遁天之刑』，意思是逃避天命的罪行。

「你們敬愛的老師，之所以生到這個世界，不過是恰好遇到該生下來的時機；之所以離開這個世界，不過是由於輪到該去世的時機罷了。

「安於誕生的時節，順從死亡的時節，人能夠如此，生的歡樂也好，死的悲傷也好，都能置之度外；照理說，悲歡之情，一點也沒有闖進心中的餘地。

「被『生與死』這種念頭所困擾，那痛苦就像被倒懸著吊起來一樣。

「如果能忘了生與死，就如給天帝解脫了一般。

「人的肉體，隨著死亡而消滅；人的生命，卻是永恆的。

「舉個例，以柴薪當做人的肉體來說，燃燒它的就是生命。

「每一支柴薪都有燃盡的時候，但是，火本身呢，就能由這支柴薪燃燒著，傳到另外一支柴薪，永無窮盡的時候。」

第20個智慧錦囊

這是用「柴薪」來形容人的形體，用「火」來形容人的精神。

企業經營者的理念、抱負、巨夢，只要在他生前，徹底灌輸在每個員工身上，使員工都對他們從事的工作，有一種使命感，如此生生不息，代代相傳，就不怕後繼無人，也不怕企業半途沒落。

經營者切莫忽略了這種無形的精神力量，平時就應該全力投注於員工「使命感」的培養，這才是企業千秋的不二法寶。

●**智慧小點心**：健康時，常做病想，可以保身。
富有時，常做貧想，可以守家。
年輕時，常做老想，可以精進。
活著時，常做死想，可以悟道。

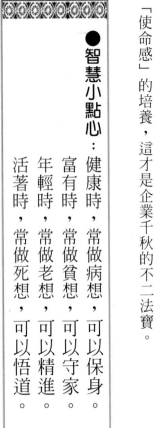

第21篇 昏庸愚昧的叔孫氏

盲目無知，奸人擺佈。
錯殺兒子，晚景悲涼。

叔孫氏是魯國宰相，國家大事的權力，全掌握在他的手裏。叔孫氏有一個寵臣，叫做豎牛，叔孫氏的命令，都由他傳達。

叔孫氏有個兒子叫做壬，豎牛覺得有這個壬擋在中間，長大了一定礙他的事，所以起了謀害他的念頭。

有一天，豎牛就帶壬到了魯王的宮殿，魯王非常高興，送一個玉環給壬。

壬領受玉環後，並不佩帶在身上，他透過豎牛，向叔孫氏請求，准他把魯王送的玉環佩帶在身上。

豎牛就向壬傳了這樣的假話：「我已經替你請准，宰相說，你可以佩帶在身上了。」

壬就放心地把玉環佩帶在身上。事後，豎牛便跑去告訴叔孫氏：「怎麼不帶少爺去進謁魯王呢？」

「年紀還那麼小就進謁國王，時機未免太早了吧？」

「才不早哩，少爺已經謁見魯王好幾次了，魯王還送他玉環，壬少爺早就把它佩帶在身上了。」

叔孫氏命令壬來，一看，果然壬的身上佩帶著玉環，叔孫氏認爲壬欺騙了他，一氣之下，就殺了壬。

壬有一個哥哥叫做丙，豎牛也對他動起謀害的念頭。當叔孫氏爲丙鑄造了一口鐘，丙不敢馬上擊打，先透過豎牛向叔孫氏請示，准他擊鐘。

這次，豎牛又使出老套，傳了這樣的假話：「我已經替你請准了，你可以擊那口鐘了。」

丙就擊了鐘，叔孫氏聽到鐘聲就說：

「丙這個小子，沒有經過我的准許，就擊起鐘來了。」

叔孫氏很生氣，一聲令下，把丙趕出家門。

丙逃到齊國，約莫一年後，豎牛爲丙說情，叔孫氏終於軟了心，准許丙回國。

豎牛卻不把這話傳給丙，又向叔孫氏撒了一個謊：

「我已經派人請丙少爺回來，但是，丙少爺餘憤未消，說什麼也不肯回來。」

叔孫氏大怒，派人把丙殺了。

不久，叔孫氏臥病。豎牛獨自包辦看護叔孫氏的事，不許所有的侍臣進去病房，說：「老爺不喜歡聽到任何閒雜聲。」

豎牛不讓叔孫氏吃任何東西，逼得叔孫氏只有餓死。

叔孫氏一死，豎牛連葬禮都沒有替他辦，就把叔孫氏庫房裏的金銀財寶，搜刮一空，連夜逃到齊國。

第21個智慧錦囊

只聽信自己身邊奸人的話，到頭來，父子三人都成了世人茶餘飯後談論的話柄，歸根究柢，就是忽略了「把別人說的話，跟事實加以印證」這一層工夫的緣故，惹禍上身，可說是咎由自取。

現代的一些經營者與管理者，往往因爲太寵信某一個人，或是凡事聽從某一個人的饞言。如果，他所倚賴的人，正好是喜歡玩弄權謀的陰險人物，不加明察，任其胡作非爲，有朝一日，企業必定毀於一旦，不但使經營者身敗名裂；甚至連公司被出賣了，也毫不自知，這種無頭無腦的經營者，實在可悲。

公司的經營者在決定信賴某一個人之前，務必把對方的人品、個性、背景，看得一清二楚，以免弊端叢生，良才求去，甚至企業瓦解，那時候可就後悔莫及。

●**智慧小點心**：不要迷信命運，要相信因果。

第22篇 看透宰相為人的列子

賢人個性，必有堅持。
先見之明，救了一命。

鄭國的列子窮得從他的容貌上，一眼就可以看出面有饑色。

有人看到列子那模樣，就跑去告訴宰相子陽說：

「列禦寇（列子）是有道之士，而您居然讓他窮困到如此地步，您不怕別人罵您不懂得愛惜有道之士嗎？」

宰相子陽立刻派了一位官吏，送祿米給列子。

列子走出來迎接那位官吏，只是客氣地敬禮，卻堅持不接受祿米。

使者回去後，列子進了屋內，他的妻子傷心地說：

「我本來以爲嫁了有道之士，就可以過得安安樂樂的，誰知道居然三餐有一餐沒一餐的。宰相都發覺了自己的錯誤，差人送祿米來，偏偏你不肯接受，你這不是違背了人家的一番好意嗎？」

列子笑著說：

「妳錯了，這可不是宰相眞的賞識我，而是宰相聽到了別人的話，才會賜給我祿米。如果有一天，宰相想加個罪名在我身上，也會一聽人家的話就下手，我不接受宰相的祿米，原因就是在這裏。」

第22個智慧錦囊

不久，鄭國人起亂，把宰相子陽殺了。

列子由於沒接受宰相子陽的祿米，才沒有被牽連，這是「先見之明」救了他。

列子看穿宰相的爲人，知道宰相不會懂得愛才，只會聽別人的話，去賞識一個人，由此推斷，日後必定輕信別人的話，而加害一個人。因此，列子寧願面有饑色，也不願意接受宰相贈送的祿米。

現代的工商社會，好人壞人有時難以分辨清楚，企業經營者必須有一套「人物鑑定法」，遠離奸詐、邪惡之徒，才不至於給自己，或是企業帶來不幸。

●智慧小點心：決策需要智慧，執行要靠毅力。

第23篇 丁廚師的獨門功夫

操刀烹調，無人出其左右。
精湛解說，猶如處世之道。

有一位廚師，名字叫做丁，精於烹調之術。有一天，他替梁惠王宰了一頭牛。

丁的手腳非常俐落，譬如說，手去推動牛啦、肩部挨靠牛啦、腳去踏牛啦、膝蓋去壓牛啦，這些動作，做來美妙悅目，令人不禁想起「桑林」（殷湯王時候的一種舞名）。

至於操刀割開皮骨的時候，所發出的嘎嘎、吱吱、嘩嘩的刀聲，聲聲合乎節拍，動聽萬分，令人想起「經首」（帝堯時代的樂名）。

梁惠王看在眼裏，不覺讚嘆說：

「妙極了。不愧是名廚，手藝居然精深到這種程度，我很佩服。」

丁廚師把屠刀擱下，答說：

「不，我喜歡的是道，那是超乎手藝的。想當初，第一次宰牛，看到的是牛的整個形體，三年後，牛的整個形體，就不再引起我的注意力了。

「如今，瞧也不瞧一眼，光靠第六感就能宰殺自如。這就是說，不用耳目，只用神理了。

「因此，總是能夠順著牛身上，皮肉的構造，在骨節相連的地方，在骨節形成空隙的地方，從容使刀，一點兒也不覺得吃力。

「到現在，我還不曾讓屠刀觸到緊貼在骨頭的肉，以及那些連在骨頭的筋，至於擊碰大骨頭這種出醜的事，更不可能犯了。

「一般好廚師，偶爾才會用壞了刀，一年頂多有一把刀就夠他用了。說到那些手藝差的廚子，動不動就擊碰了骨頭，使刀子折斷，因此，每個月都得換一次刀。我這把刀，已經使用了十九年，宰殺過的牛，少說也有數千頭，卻光亮亮像剛剛磨好，一點也沒傷到刀鋒。

「這是因爲牛身上骨節相連的地方，有它自然形成的空隙，而我這把刀的刀口，可是很薄的，以這般薄薄的刀，切入有空隙的骨節，當然是綽綽有餘，一點阻礙也沒有。這就是爲什麼這把刀用了十九年，而仍然光亮如新。

「每當在筋骨繁雜糾結之處動刀，一看下手不容易，我挺直身板，打起精神，雙目凝視，手的動作也會慢下來，極其謹愼地動我的刀。

「直到割開了那個處所，看到一大塊肉，像個土塊落了地，我就提刀而起，環視四周，這才心滿意足，把刀擦個一乾二淨，將它收起來。」

梁惠王聽後，大爲讚嘆說：

「眞叫人佩服，聽了你的一席話，等於領悟到處世之道了。」

第23個智慧錦囊

以牛的身上筋骨的錯節，來形容世事的複雜，以刀來形容人的心細。殺牛而知如何用刀，猶如處世懂得順應自然，就不至於傷神耗氣。

丁廚師的經驗告訴我們：

1做事要掌握重點與方法（管理的眞諦）。

2有了這個條件，就能事半功倍，不至於傷透腦筋（管理的方法與步驟都切中要點，效率自然顯現）。一個企業在管理上面，能納入正軌，自然就有這樣的效果。

●智慧小點心：要成就大事，就要先做好小事。

第24篇 借刀奪愛的鄭袖

口蜜腹劍，暗藏殺機。
項莊舞劍，志在沛公。

魏王送了一位美女給楚懷王。
楚懷王看了美女一眼就心花怒放，六神無主。
楚懷王的愛，由原來的宮妃鄭袖，轉移到這位美女身上。
鄭袖看在眼裏，卻一無怨言。
有一天，鄭袖召來這位美女，送給她很多衣服與裝飾品，還說：「國王喜歡的女人，我當然也喜歡呀。」

鄭袖這種態度，使楚懷王大為感動。

楚懷王心想：

「丈夫有了新歡，難免妒火升起，可是鄭袖卻坦然處之。她發現我移愛於新妃，卻比我還疼愛新妃。這簡直與忠臣侍君一樣，實在很難得。」

當鄭袖確定楚懷王已經認為她是個不嫉妒的女人之後，便喚來新妃，說：

「國王非常喜歡妳，但是，對妳的鼻形有微詞，所以，妳以後和國王在一起的時候，最好掩住妳的鼻子。這麼做，妳就可以常受到國王的寵愛了。」

新妃聽了連聲道謝。

從此以後，新妃每次與國王見面，她都依照鄭袖的話，以袖掩鼻。

不久，楚懷王就起了疑心，問鄭袖說：

「她是怎麼了？爲什麼每一次看到我就以袖掩鼻？我實在想不透。」

「有這種事？」

鄭袖故裝沈思狀，隔一會兒才說：

「我想起來了，她曾經對我說，王上的體臭一直使她受不了。」

「什麼？這個女人太可惡了。」

楚懷王怒不可遏，立即下令把新妃的鼻子割掉處死。

第24個智慧錦囊

與對手展開激烈的競爭，並不只限於情場，如企業內部的派系之爭、同行之間市場的爭奪等，由競爭衍生的各種問題，幾乎是每家企業都曾有過。

鄭袖的「不戰而勝」計謀，對現代企業極有警惕的作用。

從防範的立場來看：

故意散播出假情報，使對方的判斷錯誤，這是商場慣用的手法之一。鄭袖向楚懷王放出假情報，使楚懷王的判斷錯誤，因而處死新妃，鄭袖終於達到除去眼中釘的目的。假情報的厲害，由此可見。

因此，經營者必須處事冷靜，腦筋細密，精於判斷虛實，否則容易被對方這種假情報所惑，而做出遺憾的事。

從運用的立場來看：

現在是情報氾濫的時代，每一家公司在蒐集情報、過濾情報、判斷情報方面，應該有這一方面的人才，與一套完整的作業體系，才不致被他方誤導，而種下禍根。

以假情報來困惑住競爭的公司，擾亂對方的方法，往往會獲得意外的收穫。

如果對方的經營者，又是個感情用事，缺乏理智的人，這個方法就更加無往不利了。

因此，經營者如果像楚懷王一樣的感情用事，與新妃一樣的盲目無知，最後必然落得「親者痛，仇者快」的下場。

●智慧小點心：事前想清楚，事後不後悔。事前說清楚，事後不抱怨。

第25篇 接受不說的意見

說與不說，各有技巧。
大聲小聲，沈默是金。

大臣勝書向周公旦（周武王之弟，賢者）說：

「朝廷裏，地方狹窄，人又多。小聲說話，您就聽不見；大聲說話，就給別人聽到了。我該小聲跟您說呢？還是大聲跟您說呢？」

周公旦說：「你就小聲說吧。」

「有一件事必須向您說明，可是，要是說得曖昧就不清楚；不說嘛，就無法處理。我該說得曖昧呢？還是不說？」

周公旦回答：「你就別說了。」

這就是說，勝書諫周公旦：「接受不說的意見」。

周公旦呢？他接受了這個「不說的意見」。

第25個智慧錦囊

以現代企業來說，所謂不說的意見，就是「沈默的多數員工」。公司的經營者，不但要聽那一些聽得到，看那一些看得到的人、事、物，經營者還要聽得出、看得出多數員工「不說出來的意見」。

缺乏這一種眼光與智力的經營者，將無法使員工產生共識，同爲企業的發展盡力，而使公司暗藏著危機。

●智慧小點心：每天求進步，精神不會老。

第26篇 黃泉路上的最後絶計

為國革新，遭遇襲擊。
臨死一計，報了大仇。

吳起因事逃離魏國，投靠楚國。

楚悼王早就聽過吳起在魏國是位賢者，因此，吳起一到楚國，楚悼王就迫不及待地拜他爲宰相。

吳起對法令大加整頓，廢掉無用的官職。他甚至對一些王族開刀，把闢得的財源，用來改善士兵人員的待遇。

吳起的大刀闊斧，以及富國強兵的政策，卻使楚國舊貴族懷恨在心，因爲，他們的既有利益被剝奪了不少。

於是，他們就處心積慮，聯合要把吳起除掉。

吳起當了宰相的第二年，楚悼王一病去世。

楚悼王在世之日，被吳起壓得抬不起頭來的那些王族、大臣，以及對吳起憤怒不已的貴族，趁機舉兵襲擊吳起。

吳起自知一命難保，心生一計，便逃進宮內，抱住還停放在宮中的楚悼王屍體。

叛徒們立刻朝著吳起的身體，拉弓發箭。好幾支利箭，就這樣射中在吳起身下的楚悼王屍體上。吳起本人更是渾身中箭，頃刻斃命。

楚悼王的葬禮過後，太子即位，他就是歷史上的楚肅王。

楚肅王即位之後，立刻向宰相令伊下了一道命令：

「立刻查出射箭在先王遺體的人，一經查出，悉數誅殺。」

根據楚國法律，犯大不敬之罪者，禍及一族。當時，受連累而滿門抄斬者，多達七十餘家。

第26個智慧錦囊

這是大兵法家吳起，被逼走上無路可退的困境時，吳起仍然不死心，借助他人之力，來個死後的「殲敵大計」。

這是另外一種「不戰而勝」的智謀。臨死而猶能動這種史無前例的腦筋，實在是一招奇計。

與吳起故事相似的還有一例：

春秋戰國時代，蘇秦爲齊王客卿時，高官中有不少人與蘇秦爭寵。有一天，蘇秦被刺客襲擊，受到了重傷。齊王大怒，嚴令官吏搜捕刺客，但是，始終查不出來。

蘇秦臨終的時候，向齊王說：

「臣死之後，請大王處臣以車裂之刑，然後，宣佈說：『蘇秦是燕國派來的奸細，他打算在齊國舉兵叛亂，因此，刺殺蘇秦的人，可以領到重賞。』如此一來，刺客一定會自動出現。」

齊王依計貼出告示。

殺蘇秦的刺客，以爲可以領到重賞，當天就自動向官署報告自己刺殺蘇秦的經過，齊王即刻把刺客處斬。

吳起與蘇秦，他們的最後一戰，都在黃泉路上，發揮出智謀的驚人效力。

現代企業的經營者，從這個故事可以獲得如下的啓示：

公司經營受挫之時，必須放眼遠看，打出「不戰而勝的大計」，有了臨危猶能從容佈局的智謀與應變力，企業才能夠脫穎而出，商場稱雄也就指日可待了。

●**智慧小點心**：手邊有好書，是幸福快樂的人。

第27篇 以失約點出了答案

國之滅亡，必有其因。
長老失約，周公明白。

周武王進入殷國後，拜訪了一位素孚眾望的長老。

周武王問長老，殷國之所以滅亡的理由。

長老回答：

「如果你想獲得這個答案，請你明天中午再來這裏，到時候我就會告訴你。」

隔天，周武王和周公到了約定的地方，卻見不到那位長老。

周武王覺得奇怪，周公就說：

「我早就料到了。他是一位賢人，雖然不會再跟他的主公（殷王）見面，但是要他把主公的壞處指出來，究竟於心不忍。因此，他故意失約，暗中向你指出，殷的亡國，原因就在說話不實。」

第27個智慧錦囊

「所言不實」，是企業看不見的劊子手，它的破壞力，大到足以使企業垮下來。

一些經營者與幹部，常以「雙重標準」對待部屬，形成晉升不公，待遇懸殊的無制度狀況，使安份盡責的人，反而吃大虧，以致一肚子不滿。

尤有甚者，輕諾而不兌現其言，更是使部屬灰心失望，無心工作，造成公司日走下坡。

殷國亡於說話不實，企業的衰敗，何嘗不是如此。

●智慧小點心：信用是用不完的資產。
誠實是拆不掉的招牌。

第28篇 萬金難買好腦筋

凍裂之藥，擊敗對方。
創意無價，大功大賞。

有一位宋人，精於製造使皮膚不致凍裂的藥。
由於擦了這種藥，即使是在冬天裏，皮膚浸在水裏也不會凍裂流血，因此，好幾代人都是做漂洗布絮的生意。
有個旅客聽到這個消息，願意一次付出百金買這個藥方。
這位宋人，就召集了家人商量說：

「咱們世世代代做的都是漂洗布絮的生意，賺頭頂多是五、六金，現在，如果把這藥方賣了，立刻可以得到百金，這是求之不得的事，就賣給他好了。」

那個旅客買下這個藥方後，就到吳王那兒遊說去了。

沒過多久，吳、越兩國掀起了戰端，吳王就拜旅客爲將，在嚴寒的天候裏，和越軍打起水戰來。

吳國的士兵，就憑那皮膚不凍裂的藥，手腳都不會挨凍受傷。

越國的士兵，沒有這一種靈藥，因此，一戰而垮。

吳王大樂，就慷慨封地給那個獻出藥方的旅客。

第28個智慧錦囊

同樣是防止皮膚凍裂流血的藥方，有的使用之後得到了封地，名利雙收；有的仍然一輩子做漂洗布絮的工作，差別就在運用方式的不同。

「遠見」與「經營戰略」，是現代企業不容忽視的兩大支柱，缺乏這兩個支柱，企業不是原地踏步，便是逐漸衰敗。

沒有遠程計畫就是缺少遠見，沒有利潤計畫就是缺少經營戰略，步入這樣的境地，一個企業就很難突破現狀而不能成長。

故事中的旅客，以現代來說，就是有眼光的「經營者」，他看準了皮膚不凍裂的藥，買下「專利權」，然後遊說吳王，大敗越軍，自己也獲得封地的重賞。

經營企業就該學習旅客這種靈活的腦筋。

●智慧小點心：拖延會降低一個人的做事能力。

第29篇 敢於當眾羞辱君王

當衆進諫，君王受辱。
表面不滿，內心慶幸。

有一天，趙國君王趙簡子向尹鐸說：

「赦厥這個人很尊敬我，至於你並不尊敬我。赦厥向我進諫的時候，總是選個沒人在場的時候；而你總是故意在好多人的時候，數說我，羞辱我。」

尹鐸答說：

「赦厥是庇護您的恥辱，可不庇護您的過錯。我是庇護您的過錯，但不庇護您的恥辱。從前，我跟我的老師學了觀人相的方法。老師特別說，臉皮渾厚，而且呈土褐色的人（意指趙簡子），對恥辱總是面不改色地接受。這種人如果不在眾人面前嚴加羞辱，就是不會改過。」

在尹鐸的義正辭嚴之下，趙簡子表面雖不滿，心裏卻覺得有這樣敢於忠諫的臣子，而感到慶幸。

第29個智慧錦囊

這表示，趙簡子是一位賢主。

君主賢明，臣子就敢於直言無隱。如果趙簡子不是賢主，尹鐸就不會在趙國，更不可能在趙簡子身邊任官了。

現代企業的經營者，有時候，身邊就要有像尹鐸這樣敢於說出「忠言逆耳」的幕僚，才不至於鑄成大錯，後悔莫及。

要使這樣的幕僚（或是幹部）願意捨命相隨，經營者務必處處、時時表現出「樂於聆聽直言」的風度。

經營者如果是聽了忠言，就大發雷霆，或是故意指桑罵槐，或是置若罔聞，忠誠能幹的部屬，一定會非常失望，不是不再忠諫，便是離開了公司。對於經營者來說，這是一項極大的損失。

●智慧小點心：隨緣、感恩、捨得，是生活藝術，也是快樂的泉源。

第30篇 不懂求善的秦惠王

識人不清，度量狹小。

耳邊小人，賢人遠離。

頗有智慧才幹的墨者（墨子學派）謝子，來到西方的秦國，請求謁見秦惠王。

秦惠王拿這件事和秦國的墨者唐姑果商量。

唐姑果怕秦惠王寵信謝子，會把自己的地位貶低了，因此答說：

「謝子雖然是東方出身的能言善道、八面玲瓏之士，可是，爲人陰險得很。他必定會憑他三寸之舌，向您討好獻策，您可得小心應對，千萬不能聽信謝子的話。」

秦惠王懷著這種先入爲主的成見，因此，聽謝子陳述意見的時候，一副愛理不理的模樣。

謝子一氣之下，就離開了秦國。

秦惠王也因此喪失了聽取賢者寶貴意見的良機。

第30個智慧錦囊

聽別人的意見，目的是在求善。

意見如果值得一聽，就算他想討好你，又有何妨？

意見如果不值得一聽，就算他想討好你，只要你有定見，也不會有任何損失。

秦惠王盲目聽信小人之言，不以善惡爲標準，只一意以對方不該討好獻策，做爲衡量言論的標準，這種聽意見的態度，實在不足爲取。

現代企業的經營者或是主管，聽取幹部或是部屬的意見時，必須先拋棄私見和成見；否則想得到寶貴的建議，無異是一種妄想。

●智慧小點心：用人之長，可補己短。恕人之過，能顯己德。

第31篇 自取其辱的管燕

只顧享受，不懂愛才。
麻煩來了，怪罪別人。

有一次，管燕得罪了齊王，事後便問自己的親信說：

「誰願意跟我逃離齊國，投奔諸侯？」

旁邊的人默不作聲。

管燕不覺悲從中來，留著眼淚嘆息說：

「士易得，卻難以爲用，多麼叫人傷心呀。」

的。

旁邊有一個叫田需的人，回答說：

「你身邊這些士人，三餐無法吃飽；但是，你廚房的鵝肉還有吃剩下的。

「你後宮的妻妾，穿的是綾羅素絹，披的是綺繡透明的細紗；但是，你身邊的那些士人，連拿它來裝飾衣邊都不可得。

「財者君之所輕，死者士之所重。你不把你輕視的東西，送給你的士人，反而責備起士人，不拿他們所重視的死為你服務，說什麼『士易得而難用』，你不覺得慚愧、羞恥嗎？」

第31個智慧錦囊

平時對待部屬不怎麼樣，一旦面臨窘境時，卻奢求部屬捨命相隨，這種愚昧的經營者倒也不少。

經營者希望部屬對企業忠勤不懈，對經營者忠心不二，首要之務，就是經營者必須先表現出他照顧、教導員工的誠意，且能表裏如一，言行一致。

「先給後取」的經營者，絕對比「先取後給」的經營者，更能贏得員工的向心力，道理在此。

●智慧小點心：充分瞭解問題的所在，就等於解決了一半的問題。

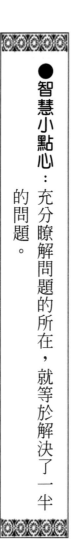

第32篇 注定失敗的原因

駕車比賽，心有旁騖。
未能同心，必然落敗。

趙國人襄主向駕車能手王子期，學習駕車的技巧。

不久襄主就和王子期比賽駕車，結果是，換了三次馬，三次都輸給王子期。

襄主就說：

「你分明是沒有把駕車的秘訣，全部教給我，才會使我一敗塗地。」

王子期答說：

「怎麼會？該教的都教了，你只是使用不當罷了。

「駕馭馬車最要緊的是，馬身必須和車子套得順適，駕車的人要和馬兒同一條心，這樣才能夠跑得快速，跑得遠。

「瞧你，一見落在我的後面，只顧著趕過我；要是趕在前頭了，又擔心被我趕上。

「你要明白，駕車跑遠路，忽前忽後，是避免不了的事，你不管在前在後，總是只顧慮著我。

「你心緒不寧，怎麼能跟馬一條心？你會輸給我，原因就在這裏。」

第32個智慧錦囊

競爭過程中的領先或是落後，只是短暫現象，經營者與主管、部屬，必須掌握的是，如何獲得最後的決定性勝利。

爲了競爭途中一時的勝負，忽喜忽憂，就容易忘了大局，迷糊中會做出錯誤的對策，而遭遇失敗。

在同一個經營理念、經營目標之下，經營者與主管、部屬都能夠在環節緊扣中，心志一體，不惑不迷，企業才能夠發揮出驚人的戰力，而得到勝利的果實。

●智慧小點心：工作時全心投入，休息時盡量放鬆。

第33篇 拿自己的生命開玩笑

相信名醫，半途變卦。
牆頭之草，無藥可救。

秦武王生了病，聘請名醫扁鵲來看診，秦武王讓扁鵲看了患部。

扁鵲說道：「事不宜遲，應該立刻動手術。」

秦武王的屬臣卻說：

「王上的患部在耳前眼下，即使動了手術，也不一定治得好，說不定一動手術，反而變得『耳不聰，目不明』，是否不必動手術，改用其他的方法來治療？」

秦武王聽了屬臣的話，信心起了動搖，因此，把這話告訴了扁鵲。

扁鵲一聽，氣得把治病用的砭石一丟，說：

「王上既然和有本領的人商量過，又和沒本事的人，一起來破壞專家的事。王上把秦國的政治交給這一夥人去治理，不把國家弄丟，那才是怪事。」

第33個智慧錦囊

秦武王請來名醫（專家）治病，卻又聽信了屬臣（外行人）的建議，這一種盲目又沒有主見的行爲，簡直是拿自己的生命開玩笑。

現代企業的經營者，犯了這種毛病的人，可眞不少。

外行領導內行，愚癡的話比眞話更有效，拍馬屁的話比忠言的話更聽得進去……諸如此類自毀企業長城的作風，如果不痛下決心反省改革，企業的生命將活活被扼殺。

●智慧小點心：名譽就像空氣，看不見卻很重要。

第34篇 專注可以創造奇蹟

巧奪天工，無人可及。
奧妙之處，道出玄機。

魯國的木匠梓慶削木做了鐻（吊鐘或大鼓的木架），見到的人都大為讚嘆，功夫之高，神乎其技。

魯王問說：

「你使出什麼技術，做得這麼精美？」

梓慶答說：

「我不過是一個木匠罷了，談不上具備什麼大技術。就有一樣，或許值得一提。

「做鐻的時候，一定注意到，絕對不能浪費力氣，因此，事先必須齋戒，求得心境的平靜。齋戒了三天，把獲得獎賞、爵祿的念頭趕跑了；到了第五天左右，就不在乎世人的批評、技術的巧拙了；過了第七天，就達到無我的境地，把自己的肉體都忘掉了。

「到了這步田地，國王的權勢也不再懾人，這就可以專注於工作了，因爲，一切可以擾心的事，統統不見了。

「我就到山林中，尋找保持自然形態，且適合做鐻的樹，然後，在心裏描繪出鐻的模樣，再動手工作。要是尋不到適合的樹，我就停止工作，也就是說，使自己的本性和樹的本性，相合爲一。

「我做成的器物，看似鬼斧神工，奧妙就在這裏。」

第34個智慧錦囊

專注，是每個人成功的第一步。

要專注，必須除去雜念，雜念一除，才能夠聚精會神；心力、智力也會隨著匯合，造成驚人的創造力。

雜念源自於不滿，不滿來自「無法主宰自己」。

人最可怕的敵人是自己，也就是自己的心賊。

心賊不破，不但會侵蝕心智，也會毀了鬥志。

一個有智慧的人，不會把賺錢當做是工作的結果，反而是把工作當做是生命的啓迪與開發。

觀念不同，工作的態度與效果就會大有差別，這是很自然的事。

●智慧小點心：怨天尤人，只會使事情更麻煩、更糟糕。

第35篇 蘇秦的臨門一腳

千人力諫，屢勸不聽。
以心扣心，化解危機。

有一天，孟嘗君決定到秦國求發展。

聽到這個消息前來力諫的人，多達千人，孟嘗君偏是執意不從。

蘇秦也想諫止他，孟嘗君卻說：

「事關人間的種種，我已盡知，我不知道的，只是靈界的事罷了。」

蘇秦只好假裝自己的來意說：

「我當然不是爲人間事而來，我是爲了靈界的事，才前來求見。」

孟嘗君這才接見他。蘇秦向他說：

「我在途中，走過淄水（山東河名），聽到土偶人和桃梗（桃木刻成的人）在談論。

「那桃梗向土偶人說道：

「『你是淄水西岸的泥土，給揑成人的樣子，可別太神氣，到了八月的雨季，雨水大降，淄水氾濫，你呀，不毀得不成人形才怪。』

「那土偶人答說：

「『不對，我是西岸的泥土，雨水入浸，只不過是復歸西岸而已。

「『說到你，原是東國的桃木梗，刻削成爲人形罷了，到時候，雨水大降，淄水淹至，把你沖走了，你就隨著大水漂流，不知去向了。』

「目前的秦國，四面有山關之固，就像是一個虎口，你一進入那個虎口，我就不懂你還有什麼逃路。」

孟嘗君這時才恍然大悟，打消了入秦的念頭。

第35個智慧錦囊

這個故事，可以做為現代商業談判與推銷成功的模式之一。蘇秦為了讓孟嘗君接見，以一句「我就是為了靈界的事而來」，使孟嘗君產生姑且接見的念頭（消除對方的戒意，並引發好奇心）。接著，蘇秦以生動的譬喻，使孟嘗君打消了入秦的念頭。一步扣緊一步，扣住了對方的心，終於達到說服的目的，這都是現代商業談判與推銷人員，應該具備的「接觸」、「訴求」、「說服」的重大技巧。

●智慧小點心：溫和關心的語氣，會令人感激。

第36篇 射箭高手嚇出一身冷汗

技藝高超，意識纏繞。

緊要關頭，一身冷汗。

列禦寇是頗有名氣的射箭高手。有一天，列禦寇在他的師兄伯昏無人的面前表演射箭。

列禦寇緊緊地拉滿了弓，手肘上放著盛滿了水的杯子，就這樣颼的一聲射出去。

一箭剛射出，另外一箭已經搭在弓弦上，如此射出一箭，立刻就又搭好另外一箭。

妙就妙在，身體一直像木偶般，一動也不動。

伯昏無人見狀說：

「這種射箭方式，還沒擺脫射箭的意識，是屬於『有心之射』，不是摒除了中或不中的『無心之射』。我且跟你一道爬上高山，你就腳踏凸出的岩石，身臨百仞深淵，看你還能不能射得那麼好。」

伯昏無人與列禦寇兩人，一起爬上高山，腳踏凸出的岩石，身臨百仞深淵。

伯昏無人背向著深淵，緩緩後退，把腳跟的三分之二騰挪在空中，然後，招手要列禦寇也到他站的地方。

列禦寇見此情形，嚇出了一身冷汗，跪伏地上，不斷發抖。

伯昏無人就說：

「至高至德的人，上可究明青天之頂，下可究明黃泉之底，在宇宙間縱橫自如，而不改氣色。瞧你，渾身發抖，雙腳都軟了，這副窩囊模樣，就算射出了箭，僥倖中了目標，人可能已經掉落懸崖深淵。」

第36個智慧錦囊

「有心之射」纏繞在人的意識裏，給人的最大弊害，就是患得患失。當經營者有了患得患失的心理，勢必影響理智，因而優柔寡斷，謀思失常，容易導致方向錯誤、策略失據，與用人不當的嚴重後果。

經營者能不動如山，心智篤定，不管四周的各種變數，也難以撼動既定的決心，這種「無心之射」的心態，才是現代企業經營者追求的境界。

●智慧小點心：微笑是個好禮物，可以與所有的人分享。

第37篇 求兵妙計

危險當頭，重禮交心。

借力使力，保住江山。

楚國派出大軍攻打齊國。

齊王打算派遣大臣淳于髡到趙國，請趙國出兵援齊。

爲了使求援的目的能夠達成，齊王擬以黃金百斤（約二十六公斤），以及四頭馬車十組，做爲送給趙王的禮物。

淳于髡聽後，仰天大笑。

齊王大惑不解而問：

「你的意思是不是禮物太少了？既然仰天大笑，其中一定有原因，你就坦白說出來吧。」

淳于髡回答：「剛才，臣從東方回來，途中在路邊遇到一個人，準備了一對豬蹄子、一瓶水酒，正在向天禱告說：『請上天賜我五穀豐收，財富滿倉。』這個人的供品寒酸，祈願卻是奇大無比。臣想到這一件事，所以禁不住笑出來。」

齊王領悟其意，把禮物增加爲：黃金千鎰（約三百八十公斤）、白玉十雙、車馬百組。

淳于髡一到趙國，趙王見到了豐碩的貴重禮物，馬上就答應以精兵十萬、兵車千輛援助齊國。

楚王接到趙王要出兵援助齊國的消息，當夜就撤回兵馬。

第37個智慧錦囊

姜太公（呂尚）在《六韜兵法》說：「釣小魚要使用小餌，釣大魚要使用大餌。」

魚餌太小，大魚就會不屑一顧，大魚偶爾試食，釣絲也容易斷。

公司的經營者要聘請一流的幹才，使其感到値得效命，個中方法，古今雷同。

企業聘請一流的幹才，來增加聲勢與實力，最大的目的，就是戰勝同行，商場稱王。

不管是從同行挖角，或是由外界招聘，經營者都要拿出與對方的身價相稱的價碼，才有成功的可能。

因爲，唯有如此，才能夠使對方感受到，招聘者的確頗具誠意，因而一拍即合。

齊王不惜以珍貴的重禮贈送趙國，借趙國之力而保住了江山。這一則史例，可以做爲現代企業招聘傑出人才時，指出一個值得參考的方法。

●智慧小點心：孩子是種子，父母是水，老師是空氣，社會是陽光；水、空氣、陽光三者兼備，種子才能夠茁壯成大樹。

第38篇 芝麻小事引發兩國大戰

喪失理智，小題大做。
大動干戈，造成遺憾。

楚國的邊境，有個小村落叫卑梁。

卑梁村落裏的一個小姑娘，跟吳國邊境（吳、楚接壤）的某個村落小姑娘，一起在邊境附近採桑。

兩人互相逗著玩，卑梁的姑娘，不小心受傷。

卑梁村的人，拿這件事跟吳國人理論。吳國人的態度傲慢，激怒了卑梁村的人。卑梁村的人一氣之下，把那個吳國人殺了。

吳國人聞訊，帶了一群人，把對方的家人全部殺掉。

卑梁的領主，不甘受屈，說：「吳國人竟然膽敢攻打我的村落，不給他們顏色看，這還得了。」

於是率眾進攻吳國那個小村落。楚、吳兩國就這樣引發了一場大戰，死傷慘重。

第38個智慧錦囊

本來是兩個小姑娘逗著玩的小事，竟然演變成舉國捲入的大戰，弄得雙方傷亡甚多，慘不忍睹。

衝突開始時，雙方沒有出現理智的領導者，把糾紛化為無形，反而彼此鬥氣逞強，終至干戈相向。

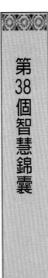

這個故事的警示是：

企業經營中的任何衝突，必須及時化解。若以事小而不以爲意，它就很可能如卑梁村的小姑娘，引發足以使整個企業動搖的「內部大戰」，因小失大，後悔就來不及了。

●**智慧小點心**：「逢苦不憂，喜風不動。」可以使身心清明，不受外力干擾。

第39篇 一塊鼠肉帶來大災難

目中無人，行為囂張。
陰錯陽差，毀了全家。

盧氏是梁國大財主，富家殷盛，錢帛無量，財貨無數，但是，他爲人驕傲，目中無人。

有一天，盧氏登上高樓，臨大路，設樂陳酒，擊博（賭博）於樓上，可眞是熱鬧極了。

這時，一群俠客一個接著一個，正從那樓下的馬路走過去的時候，樓上正賭得起勁的人，擲出了「雙魚」（大勝），喝彩聲震動了四周。

就在這一個節骨眼，空中飛過一隻鵃鷹（形狀像老鷹而較小），牠叼在嘴裏的鼠肉，突然血淋淋地掉落在一個俠客的身上。

俠客們斷定是盧氏從樓上故意丟下來的。

一夥人當場你一言我一句地談論起來：

「盧氏這狂妄人，平時就是憑恃他的富裕，驕奢舖張，且有蔑視人的臭架子，咱們也不當一回事，從不侵犯他。」

「如今，居然把鼠肉往咱們頭上丟，這不是有意羞辱我們嗎？」

「咱們要是不作聲，因而給人瞧不起，還有什麼臉見人？咱們兄弟乾脆把盧氏這個家毀了。」

一夥人表示贊同，於是在約定的某一夜，聚眾攜械，出其不意地攻入盧家，把盧氏全家都殺了。

第39個智慧錦囊

這是平時驕奢招來禍敗的例子。盧氏本人不知鼠肉掉在別人身上，卻因而家破人亡，可見平時沒有謙虛的品德，才會突遭這種禍害。

這一個故事對現代的經營者來說，在爲人方面，對內必須禮賢下士，以合理化、科學化的手法，經營事業。

對外則必須謙沖爲懷，以入情入理的條件，與人交往。

否則，盧氏之類的禍患，頃刻而至，事業也會毀於一旦，經營者必須警惕在心。

●智慧小點心：工作沒有貴賤，善盡本份就是尊貴。

第40篇 柱厲叔的愚笨行為

未受器重，以死效忠。
似是而非，智者不為。

柱厲叔在服侍敖公時，由於敖公並不器重他，因此，柱厲叔辭掉官位，退隱在海邊，一個人過著寂寞清苦的生活。

柱厲叔在夏天吃的是菱芰，冬天吃的是橡栗，日子熬得也眞苦。

有一天，他聽到敖公有難，便抱定一去不回的決心，向朋友告別。

那位朋友說：

「你當初就是爲了敖公不重用你才退隱的，現在到了這一個節骨眼，你才決心跟敖公共赴國難，還抱著必死的心，這不是和你原先賭氣辭官位回鄉，互相牴觸了嗎？」

柱厲叔回答說：

「敖公不賞識我，我才辭官，這一點你沒有說錯。

「可是，這次如果我爲敖公而死，可以向世人證明，敖公的確缺乏識人的眼光。也就是說，我要以死來羞辱後世那些不識良臣的君王。」

第40個智慧錦囊

如果受君王賞識，應該爲他一死而無憾，用來表達知遇之恩。

如果不能受到君王的賞識，大可不必言死，這是明白道理的人應該有的做法。

杜厲叔這一種作風，是爲了跟君王賭氣而忘了自己，實在是愚者的行爲。

同樣的道理，企業中的幹部，如果受到經營者的賞識，而且得到了全力的支持，獲得能力盡展的機會，就應該戮力奉獻，以表達知遇之恩。

若是才華十足，雖然盡忠職守，卻未受到經營者的賞識，又常被整得焦頭爛額，就應該識趣地，早早離開那個缺乏識人眼光的經營者，因爲繼續做下去，顯然只有自討沒趣，前途黯淡。

千萬不能學習杜厲叔那種跟君王賭氣，且要以死來羞辱君王的愚行。知遇之恩，應該盡瘁以報；不識才之怨，把它化爲雲煙，默默離去，這才是智者。

●智慧小點心：廣結善緣，是成功人生的基石。

第41篇 牢騷話都不再說了

國之將亡，必有徵兆。

慧根慧眼，一擊而中。

周武王派了幾個人去偵察殷國的情況。有個間諜回到都城後報告說：

「殷國已經開始在亂了。」

周武王問說：

「怎麼個亂法？說來聽聽。」

「邪惡的人，凌駕了忠良的人。」

周武王答說：

「這還不夠。」

不久，又有間諜回來報告說：

「殷國現在亂得更厲害了。」

「亂到什麼程度？說來聽聽。」

「賢者都出奔到外國了。」

周武王說：「這還不夠。」

經過了一段時間，間諜又回來報告說：

「殷國亂得比以前更厲害了。」

「厲害到什麼程度？說來聽聽。」

「百姓們連牢騷話都不說了。」

周武王「哦」了一聲，立刻把這消息告訴了太公（太公望呂尚），請太公定奪。

太公說：

「邪惡的人凌駕忠良的人，這叫做暴戮。

「賢者出奔，這叫做崩壞。

「人民不再說牢騷話了，這表示著，殷王正以刑罰壓抑百姓，亂象已經到了極點，是時候了。」

於是，周武王以戰車三百、勇士三千，在甲子之日清晨發動奇襲，俘虜了殷王（紂王）。

第41個智慧錦囊

殷王因爲昏庸，所以才會被周武王趁勢擊敗，這顯示出，一個國家會滅亡，都是先由領導者的昏庸而起，才會被外來勢力一擊而潰，這是自己打敗自己，怨不得別人。

這個故事給現代人的啓示是：

市場爭奪戰應發揮這一類的分析力與判斷力，據此「抓準時機，一舉成功」。

殷王的暴戾無能，與周武王、太公的判斷和決斷過程，以及趁機發兵的行動力，兩相對照，值得國家領導者與經營者警惕與學習。

●智慧小點心：行動建築在利人身上，就是生命的價值。思想散播在別人心上，就是不死的生命。

第42篇 一杯酒要了將軍的命

重要之戰，以酒代水。
無心之過，毀了將軍。

楚共王和晉厲公大戰於鄢陵，楚軍潰敗，楚共王的眼睛也受了傷。

那一次戰役，正進行得難分難解的時候，楚國的將軍子反，由於渴得慌，要喝水，侍臣穀陽就倒了一杯酒給他。

子反說：「開什麼玩笑？這不是酒嗎？」

穀陽答說：「這不是酒。」

子反這才接過來，一飲而盡。糟就糟在子反是豪飲慣了的人，只要黃湯下肚，不痛痛快快喝個酩酊大醉，絕不罷休。

當戰事告一段落，楚共王想再第二次衝刺，便遣人召回子反。子反回說，他的心發痛，無法應命。

楚共王不放心，特地坐車來探看，一進入子反的帳幕，卻聞到了酒味瀰漫四方，楚共王看都不想看子反，掉頭回去後，說：

「這次和敵軍交戰，我都受了傷，戰局必須靠將軍子反來維持，可是子反卻醉得不省人事，忘了楚國的生死關頭，也不顧及全體士兵的感受，糊塗到了極點，我無意再戰了。」

於是，班師回國後，楚共王的心一橫，把將軍子反處死。

第42個智慧錦囊

侍臣倒了一杯酒給將軍子反喝，絕不是惡意的，他算是盡了部屬的心意。

萬萬沒有料到，盡了心，反而使子反被殺。

所以說，不明是非行小忠，就會害了大忠。

這個故事給現代人的警惕是，一些公司的經營者，對待主管或部屬，美其名爲出自善意，實則予以錯誤的縱容，使主管或部屬養成怠忽職守的壞習慣，無形中等於毀了他們的大好前程，於公於私都不利公司。

這種現象，在現代的企業隨處可見。

經營者如不從速設法鏟除這些組織中的病根，小則殺傷個人的戰力，大則危及企業的生存，絕對不能輕忽。

●智慧小點心：人能夠靜心檢討反省，就會回歸本來的面目，一切貪念煩惱，便會慢慢消失。

第43篇 孟嘗君的用才之別

對待人才，雙重標準。
不能盡忠，必有其因。

有一天，魯仲連對孟嘗君說：

「你對待士人的方式大有問題。

「古時候，雍門子養了椒亦，陽得子養了他的士人，吃的穿的都跟他們沒有兩樣。所以，他們就肯為主人捨命效勞。

「而你，富裕超過雍門子、陽得子兩人，你的士人，就沒有人認為你善待他們，因此抱怨連連。」

孟嘗君回說：

「我沒有遇到像他們那樣好的士人，叫我如何善待他們？」

魯仲連答說：

「你馬廄裏的馬，少說也有數百頭，全部都披掛繡衣，吃豆吃粟的，卻未必有麒麟、騄耳（名馬）吧？

「你後宮裏的十位妻妾，滿身綾羅綢緞，吃的都是山珍海味，卻未必有毛嗇、西施（絕世美女）吧？

「說到馬匹和美女，你就抬出目前的標準來；說到士人，你就搬出古時候的標準來。所以說，你對待士人的方法，還差了一大截。」

孟嘗君恍然大悟，從此士人吃的穿的，都與孟嘗君沒有任何的差別，士人也不再抱怨，對孟嘗君一片忠心。

第43個智慧錦囊

這叫做雙重標準。

工於心計且心胸狹隘的經營者、主管，對同樣一件事或是獎懲，往往採取兩種極端不同的標準，使一些努力的部屬，遭受不公平的待遇，最後只有心灰意冷，拂袖而去。

有的經營者、主管對這樣的部屬，還是不肯放過，事後還不斷數落離職的部屬，唯恐他人不知，使那些在職的員工，愈聽愈不是滋味，向心力也漸漸消失，這種負面的耳語與造口業，對公司而言，實在是一種危機。

●智慧小點心：凡夫覺悟於過去，智者覺悟於現在。

第44篇 三兩下把眼中釘除掉

出兵剿敵，重賞攻心。
輕輕鬆鬆，打了勝仗。

魏國時代，吳起受命成爲河西的地方首長。

河西與秦國的國境接壤，在那個國境，有一座秦國的城堡。那一座城堡裏，秦軍負有監視魏軍行動的任務。

對剛剛就任河西地方首長的吳起而言，那座城堡不但首當其衝，也危險至極，於是，吳起爲了進行他的剿敵計畫，擬訂了一個計策。

有一天，吳起把車軛靠在北門外，貼出這樣的佈告：

「誰把這個車軛移到南門外，就賞他良田與家宅。」

佈告貼出來，圍觀者頗眾，但是，沒有人立刻動手做這件事。

大家認爲，如此輕易的事，人人可爲，爲了這種事而厚賞，其中必有問題，所以，沒有人敢於挺身一試。

將近黃昏之時，有個人抱著姑且一試的念頭，把車軛移到南門外。

吳起立即依照佈告所言，賞他良田與家宅。

消息傳出以後，人人後悔，後悔當時爲何不相信佈告的內容。

第二天，吳起又把一石黍子放在東門外，貼出這樣的佈告：

「誰能夠把它移到西門外，就給他與上次同樣的大賞。」

這一次，人人不再懷疑，爭著要把一石黍子移到西門外。

吳起這才下令各州，貼出募兵佈告，內容是：

「明日將出擊秦國國境的那座城堡。誰能一馬當先，立下大功，就賞他良田、家宅，且任命爲一州之長。」

佈告一貼出，眾人搶先報名。

隔天，吳起率領這些士兵攻擊那座城堡。

由於士氣如虹，個個奮勇直前，輕而易舉就把那座城堡攻陷了。

第44個智慧錦囊

《六韜》有云：「香餌之下，必有死魚；重賞之下，必有勇夫。」

吳起爲了讓民眾相信他的話，使出這妙招，藉此激發眾人踴躍報名，輕而易舉地佔領了秦國監視魏軍的戰略性城堡，可謂是謀略高手。

現代企業在經營管理上，這種「重賞之下，必有勇夫」的激勵方式，當然可以大加活用。例如：

1設立提案制度，對傑出的創意，給以獎賞，藉此培養員工處處動頭腦的習慣。

2營業部門舉行業績競賽，可以分爲個人、團體競賽，每週、每月、年度競賽，且按照類別對前幾名給以獎勵。

3舉行降低成本、消除浪費、安全管理運動，分別予以獎賞。

4年度全勤、特殊大功者，頒獎表揚。

經營者必須注意的是，獎賞制度提出，一定要徹底執行，切莫食言。無信不立，員工必然不滿，士氣必然大落，無異自找企業的難題與危機。

●**智慧小點心**：得意時，要樂聽逆耳的話，才行得穩。
失意時，要樂聽安慰的話，才站得住。

第45篇 管仲與鮑叔牙的高竿謀略

忠誠謀國，以心交心。
天衣無縫，精彩好戲。

管仲與鮑叔牙，對齊襄公的昏庸無德，感到非常失望，他們結爲刎頸之交，私下做了這樣的約定：

「齊襄公的所做所爲，愈來愈離譜，長此下去，國家必定大亂。

「放眼齊國公子當中，値得我們輔佐的只有『糾』與『小白』。我們分頭各自服侍其中的一位，將來我們之中的誰先成功了，誰就拉拔另外一個人。」

經過帷幄運籌，公子小白先進入齊都，即位爲王（齊桓公）。

齊桓公即位之後，卻急於殺死輔佐公子糾的管仲。

鮑叔牙進諫說：

「王上如果只想統治齊國，臣跟高傒就足堪輔佐大任，要是想成爲天下霸主，就非借重管仲不可。有管仲輔佐的國家，必定稱雄天下。唯今之計，絕不能失去這位大將。」

齊桓公聽從了鮑叔牙的話，決定把原是當做仇敵的管仲，從魯國召回來。

鮑叔牙又向齊桓公獻計說：

「王上此舉定會引起魯王的疑心，魯王一有疑心，就不會平白讓管仲離開魯國，這件事必須略施計策。」

於是，齊桓公就在即位那一年的秋天，揮軍攻進魯國。

魯軍潰敗之後，齊軍截斷了魯軍的退路。齊桓公也及時送了一封書簡給魯王：

「召忽、管仲二人，是我的大仇人，但願魯王將他們送回敝國，我當醃其肉，一洩怨憤。如果魯王不允所請，齊國只有一路揮軍進攻，包圍魯都了。」

魯王實在無意與齊國爲敵，因此依從了齊王之言，送回召忽與管仲。召忽不願被當俘虜，因而自殺，管仲內心知道計出鮑叔牙，因此自願做齊國的俘虜。

管仲回到齊國，齊桓公就厚禮待他，立即提拔他爲大夫，讓他參與國政，管仲因而得以發揮他的政治才華。

第45個智慧錦囊

當企業內部的兩大勢力在爭霸，不知依附哪一方的時候，管仲與鮑叔牙的策略，足爲借鏡。

其他人與其始終採取觀望態度，在大勢將定時，才趕緊靠向佔優勢的一方，不如學習管仲與鮑叔牙的謀略。

因爲，觀望者容易被認爲太過現實，而管仲與鮑叔牙的方法，與此相比，顯然高竿許多。

管仲與鮑叔牙採取的方法，好處就在：無須爲客觀情勢變化，而忽喜忽憂，更無須爲局勢變化，大耗神經，疲於操心。

另外，即使在取捨、選擇之間起了猶豫，也不至於心慌意亂，無所適從。

最大的好處是：有一方會成功，所以，等於做了有保障的選擇。
這種策略的重要前提是，雙方必須要仁義道德爲先，肝膽相照，戮力同心，才能夠水到渠成；否則，各懷鬼胎，互扯後腿，必然功虧一簣，甚至引爆出更大的麻煩而慘敗。

●智慧小點心：人要不斷地努力學習，有所感，有所思，有所悟，才會有所成就。

第46篇 用歪字點醒魯王

命令記錄，扯了後腿。作弄之意，用心良苦。

孔子的傑出弟子宓不賤，奉命治理亶父（魯邑）。離開京城赴任的時候，他商借魯王身邊的兩位書記，一起到了亶父。

亶父的官吏全部都出來迎接，宓不賤就命令兩位書記做記錄。當書記開始動筆，他就從旁拉他們的手肘，使得寫出來的字，歪歪斜斜的，宓不賤就責備他們字寫得眞差。

兩位書記給整慘了，請求回到京城，宓不賤就說：「你們寫的字，眞叫人不敢恭維，快快滾回去吧。」

他們回到魯王那裏，報告說：

「那個宓不賤，存心陷害我們。」

魯王問道：「怎麼會呢？」

「大王有所不知。宓不賤叫我們寫字，可是又不斷在旁邊拉我們的手肘，字當然寫得歪歪斜斜了，他就責備我們寫得眞差。這不是存心陷害我們嗎？」

魯王忽有所悟，不禁嘆氣說：

「宓不賤必定是想藉此，透過你們這兩位書記向我進諫。我可能在無意中，常常做出阻礙他辦事的行爲，使得宓不賤不能夠發揮才能。所幸發生你們這件事，否則，我就要犯大錯了。」

於是，魯王立刻派一個親信到亶父，告訴宓不賤說：

「此後，亶父就是你的，凡事由你作主，五年後再來向我報告治理的結果。」

宓不賤這才得以在亶父，充分發揮他的政治才能，而把亶父治理得井然有序。

第46個智慧錦囊

一些經營者（或主管）授權後，仍然不斷向部屬發號施令，甚且在細節上不時加以干擾，這種有授權之名，而無授權之實的上司，到處可見。

在這種上司之下做事的部屬，必定會產生下面的困擾：

1創造力遭到封殺，因爲，他不敢放手去做。

2部屬的潛力無法發揮到淋漓盡致的境界，等於扼殺了部屬的能力，埋沒了才幹。

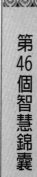

3部屬的成長，如果遭到壓抑，造成人才無法輩出。

4部屬會認爲，自己不能受到信任，不但失去做事的自信，也失去對公司的向心力，企業組織中的戰力，也會因此而大打折扣。

●智慧小點心：逆境可以幫助成長，憂患能夠增長智慧。

第47篇 鑑貌辨色的衛姬與管仲

行為舉止，瞭若指掌。身體語言，一眼看透。

齊桓公結合諸侯的時候，只有衛國遲遲到來，齊桓公大爲不高興，因此，跟宰相管仲商量了伐衛的種種事宜。

當齊桓公從朝廷回到內宮，衛姬（衛國公主，齊桓公的夫人）遠遠看到他，就一拜再拜，請他赦免衛君之罪。

齊桓公問說：

「這就怪了，我並沒有和衛國鬧出什麼糾紛，妳爲什麼會請求我這種事呢？」

衛姬答說：

「我遠遠看到大王進來，舉止之間，顯得氣勢勃勃，一眼便知就要討伐某國。

「當您瞥見了我，臉色忽然大變，我就知道，您是決定伐衛了。」

隔天，齊桓公上朝，見了管仲就招他到身旁。

管仲不待齊桓公開口就問：

「大王是準備原諒衛國了？」

齊桓公疑惑地問：

「你怎麼知道？」

管仲微笑答道：

「大王上朝行禮，比平常更親切有禮，說話的口氣也變得溫和，見了我，也有些不好意思，所以，我就這樣判斷了。」

第47個智慧錦囊

衛姬與管仲深諳鑑貌辨色的「身體語言學」，因此，兩人與齊桓公溝通無間，這件事使齊桓公不禁對管仲說了一句：

「我眞感謝你們。有了你一手辦理外面的事，有夫人（衛姬）一手處理宮內的事，使我不會做出使諸侯取笑的事。」

現代的企業經營，對內、對外的人際關係，或是在談判桌上，都必須深入去研究鑑貌、辨色的身體語言學，才能夠在經營管理上，如手使臂，得心應手。

●智慧小點心：養兒育女，能夠平安健康長大，就是福氣。

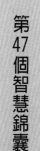

第48篇 說服力超強的蘇秦

被奪國土，心有不甘。
威逼利誘，歸還十城。

燕王侯去世之後，太子即位，成爲燕易王。
齊宣王趁燕國大喪之際，動員大軍攻進燕國。
齊軍勢如破竹，連奪十城。
燕易王聽到這個消息，立刻召來蘇秦，聲色不悅地責備蘇秦說：
「你在去年到了我們燕國，當時，先王對你相當禮遇，並且委派你到趙國，從事說服的工作。由於你的居中撮合，終於完成六國合縱的盟約。「沒想到，齊國率先違背了盟約，前不久，還出兵攻打趙國，如今，又將劍鋒指向我們燕國。

「如此下去，我們燕國勢必貽笑天下。種下這個原因的不是別人，正是你。所以，我想偏勞你到齊國走一趟，要回被奪的土地。」

蘇秦回答說：「臣馬上去齊國，爲國王要回失土。」

蘇秦立刻束裝，出使齊國，謁見齊王。

蘇秦先向齊王致賀，接著說出弔唁之辭。

「你這是怎麼了？說了賀詞，緊接著說出弔唁之辭？」齊王一臉不解的表情。

蘇秦神色肅穆地說：

「臣聽過這樣的話：即使徘徊饑餓邊緣的人，也不會吃下烏喙（一種毒草），因爲，越吃越會加速死亡。

「說到燕國，目前雖然是弱小國家，但是，燕王是秦王的女婿，兩國關係，非比尋常。

「齊國侵奪了燕國的十處城池，此後，齊、秦二國必定成爲世仇。齊國侵略弱小的燕國，這件事勢必使秦國無法坐視。

「當強秦做了燕國的後盾，以天下的精兵直搗齊國，那種後果，可眞是不堪設想。如果，惹來這種麻煩，豈不等於饑餓而吃烏喙了？」

齊宣王臉色大變，急著問：

「你說如何是好？」

蘇秦等的正是這一句話。蘇秦說：

「自古以來，成大事、立大業的人，都有轉禍爲福，敗中求勝的大本領。臣以爲，從燕國奪來的十城，立刻歸還才是上上之策。由於燕國做夢也沒想到失去的十城重歸版圖，燕國一定大爲高興。

「說到秦王，他會認爲，這是齊國對秦國的國威有所恐懼所致，秦王當然也會喜不自勝。這麼一來，舊怨冰釋，雙方也有了言歸於好的機會。

「以這一件事做個開端，燕、秦二國如果從此跟齊國和睦相處，其他諸侯，勢必歸向齊國。

「王上在表面上，雖然遷就了秦國，事實上，卻以十城爲餌，獲得天下，這就等於輕易完成了王上的霸業。」

齊宣王聞言大喜，認爲蘇秦言之有理，立刻依照蘇秦的話，把奪來的十城，歸還了燕國。

第48個智慧錦囊

憑三寸不爛之舌，井然有序地陳述利害關係，藉此說動對方的心。這種說服的威力，不能小看。這個道理，古今雷同。

不同的是，古代說客說服的主要對象是國王級的人物，以現代企業而言，這就是商業談判，或是銷售活動。

挨家挨戶訪問的企業尖兵推銷員，與數千年前的說客，本質上並無不同。

時至今日，商業談判或是銷售活動，已經擴及國際，要與外國企業談判，或是向外國銷售產品，蘇秦這種從容不迫，曉之以理，而有利雙方的推銷話術，就值得現代企業的行銷人員細加揣摩，巧爲運用。

●智慧小點心：已擁有的，心存感激；
想獲得的，辛勤播種。

第49篇 投資培養人才的方法

伯樂眼光，尋得千里馬。
接納忠言，得天下英才。

楚國的大臣杜赫，爲了使楚國將軍景翠能夠在周國受到重用，對周王說：

「您的國家實在是太小，即使把現有的珠玉寶物，全部都耗在諸侯身上，去討他們的歡喜，到底有多大好處，必須三思。

「譬如說，要張一個鳥網，如果張在沒有一隻鳥的地方，即使等待終日，也是勞而無獲。

「要是張在鳥很多的地方，恐怕鳥兒都嚇跑了。因此，只有把網張在『有鳥無鳥之間』，這才有把握逮到較多的鳥。

「如今您若把希望寄託在大國的大人物，對方勢必小看君王。若是把希望寄託在小國的小人物，恐怕不會有預期的效果，白白把錢財耗費了。

「爲今之計，您最好是把那些錢財，花在目前雖然懷才不遇，但將來必定能成爲大器的人身上。

「這麼一來，對方也滿意，您和周國也大有希望了。」

周王接納了杜赫的建言，重用了景翠，景翠也如杜赫所預言的傑出，使得周國氣勢大振，耀武揚威。

第49個智慧錦囊

身爲經營者，必須深切明白「企業成敗在人」的道理。

但是，在選才、用才上，盡得其奧妙的經營者並不多。

世間的傑出人才，到處皆有，卻需要具有伯樂眼光的經營者，才能夠尋得千里馬。

問題所在是，有些大才目前時運不濟，這必須靠慧眼識才的經營者，肯對他先行投資，力加培養，才能夠彰顯效果。

如此一來，他的全力奉獻，利己利公司，必在意料之中。

一個企業經營者，只要培養出幾個這樣的人才，公司要創造出奇蹟，就不是難事了。

●**智慧小點心**：做人能夠多一分謙讓，多一分包容，將更爲脫俗。

第50篇 話講得漂亮又受用的子高

延誤工程，被判入獄。
高人相助，趨吉避凶。

韓氏計畫在十五天內快速蓋完新城。

這個工程的總負責是段喬。

某縣分擔的工程慢了兩天，因此，段喬就逮捕了主持其事的官吏，且把他下獄。

官吏的兒子聞訊，即刻趕去找子高，說：

「能救我父親的人，天下之大，只有您。請您務必想個辦法解救我的父親。」

子高知道事情原委，立即答應。

子高與段喬晤面後，兩人一起登上城牆。

子高從城牆上面望東瞧西，讚不絕口說：

「這一座新城蓋得眞是快速、堅固又美觀，你的功勞實在很大，國王一定會厚賞你。自古至今，立下這種大功勞，卻一個人也沒處罰或是殺死過，這是史無前例的事，實在是不簡單，值得敬佩。」

子高回去後，段喬馬上派人到牢獄，半夜偷偷釋放那位失職的官吏。

第50個智慧錦囊

被人戴高帽，而不歡喜者，少之又少。

明知對方的話含有幾分奉承、巴結的意味，但心裏還是受用，這是人性弱點之一。

把商敵捧上了天，使他心花怒放，戒意鬆懈而顯出弱點。

稱讚商敵，使其沾沾自喜，忘我地吐露眞言。

針對商敵的虛榮心，使其滿足而渾然忘我，疏於防止錯失。

屢次慫恿，使其勇氣大起，做出意外之事。

這些都是運用奉承、恭維，而達到特殊目的的心謀。

很多企業員工或是主管，喜歡用這種心謀討好主管或經營者，言行舉止顯得卑恭屈膝。

一些缺乏公正眼光的主管或經營者，卻對這些部屬或主管另眼相看，處處偏袒，讓部屬的心謀得逞，實在是危險之至。

主管或是經營者，面對使用這種心謀的部屬，應該明示規勸，嚴正告誡他：

「以非凡的成果，來表現自己的才幹，才是值得敬重的一流人才。」拍馬屁與奉承的人，只會顯露出自己的心虛與無能。

●**智慧小點心**：無病第一好，知足第一富。

第51篇

洞悉貪婪人性的任增

索求土地，肆無忌憚。
予取予求，自取滅亡。

智伯向魏王要求土地。

魏王毫不客氣地拒絕其要求。

魏國宰相任增，向魏王說：

「大王爲什麼不給他土地？」

魏王答說：「智伯莫名其妙要我們的土地，我當然不准。」

任增說：「他本來就是沒理由，也會索求土地的人。如在毫無理由之下給他土地，他的欲望就會愈來愈大，食髓知味之後，更會不斷向諸侯要土地。等到有一天，當他的要求不能如願時，一定怒而攻打那位諸侯。」

魏王聽出了宰相任增話裏的意思，笑說：

「這個方法的確是個妙策，好，我就給他土地吧。」

於是魏王把萬戶之地給了智伯。

正如任增的預測，智伯果然食髓知味，又向趙國索求土地。

趙國不予理會，智伯大怒，揮兵包圍晉陽。

韓、魏二國與趙國聯手合攻智伯，智伯不敵，終告滅亡。

第51個智慧錦囊

老子說過：

「欲使之縮小，則先使之伸延；

「欲使之劣弱，則先使之強大；

「欲使之滅亡，則先使之興盛；

「欲有所奪，必先有所與。」

這就是自然微妙的法則，也是弱能夠勝強的道理所在。

淮南子也說過一句：

「兵強則亡，樹強則折，皮堅則裂。齒堅於舌，故先舌而折。」

此即所謂「柔勝剛，弱勝強」。

對方如果無所不用其極的貪求，可以用計策來「助長對方的欲望，逼他步向滅亡」。這時候，不但要憑自己的力量，也要運用別人的力量，兩者合一，才能夠達到目的。

以經營者而言，本身的企業規模還小、基礎未穩時，必須避免與同行的大企業正面衝突，以免徒勞無功，一敗塗地。

此時，經營者必須致力於本身企業的經營，奠下穩固的基礎後，設法使公司壯大，切勿自滿，切勿貪利，日日求進，如此才能夠避免落入驕縱貪婪的泥淖，企業自然會日益強壯，更上層樓。

●智慧小點心：有福莫享盡，有勢莫使盡，且都留三分，福澤自綿延。

第52篇 以砍頭威名擊敗敵軍

重要約定，姍姍來遲。
軍令如山，當場斬首。

晉國與燕國在沒有預警之下，突然聯合攻入齊國，齊國即刻陷入危險之境。

齊景公即速召見深藏不露的司馬穰苴，賜他爲將軍。

司馬穰苴向齊景公提出了要求：

「臣出身卑賤，從一介平民，被提拔爲將軍，士卒可能不會心服。臣擔心的是，下軍令的時候，無法使部屬完全心服。如果派個既是大王的寵臣，又是甚受民眾尊敬的人，做為臣的監軍，事情可就好辦了。」

齊景公認爲有理，派莊賈爲監軍。

司馬穰苴告退之後，立即會見莊賈，與他約定說：

「明天正午，我們在營門相見。」

隔天，莊賈卻在暮色蒼茫的時候，才到達營門。

司馬穰苴問他：

「我們約定在正午見面，你爲何姍姍來遲？」

莊賈連聲道歉：

「我那些同僚大夫，還有親戚們，爲我設宴送別，礙於情面，只好一一應付，所以來遲了。」

司馬穰苴怒斥說：

「身爲將領，從受命那一天就要忘了家事。在沙場，擂鼓而戰時，就要忘了自己。現在，敵人已經深入我國領土內，舉國戒備，人民的命運都操在你的手裏。在如此情況下，你還有閒情接受送別的酒宴？」

司馬穰苴斷然依據軍法，當場把莊賈斬首，並且向全軍佈告此事。

司馬穰苴這個舉措，震撼了全軍。

就因爲這樣，三軍未動，軍威已經肅然確立。

那些入侵齊國的外國軍隊，聞訊未戰而懼；因此，司馬穰苴輕易地就把晉、燕二國的軍隊，從齊國境內悉數擊敗。

第52個智慧錦囊

漢初的名將韓信，受命爲將軍的時候，也運用了司馬穰苴的手法，砍了殷蓋，表明「信賞必罰」（賞罰分明），韓信因而名聲大揚。

孫子受吳王之命，操練宮女的時候，也砍了吳王的兩個寵妃，而在宮廷內訓練出一百八十名美女部隊，因此受到吳王的賞識。成為將軍之後，屢出奇計，大破敵軍，揚名列國。

三國時代，諸葛亮也因愛將馬謖在街亭之役，違反軍令而吃了敗仗，不得不揮淚把他處斬。

由此可知，該罰就必須罰，該賞就必須賞，在統領軍隊的時候，是必須的「武器」，將軍們靠它維持了軍紀、軍令，也使軍隊在罰則嚴明中，發揮了最高的戰鬥力。

以企業的經營者來說，該罰必罰，該賞必賞，是使公司紀律清明、凝聚員工向心力，與提高企業戰鬥力不可或缺的要素之一。

●智慧小點心：成功不屬於腳步特別快的人，而是屬於腳步持續不斷的人。

第53篇 張良妙計立大功

蓄意造反，心生恐懼。
賢臣獻策，化解政變。

漢高祖劉邦打敗了項羽，統一天下。事後，他對眾臣論功行賞。可是，對大部份將領的封賞，卻遲遲未定。在那段期間，劉邦對部屬極盡挑剔，部屬犯了某些小毛病就立刻治罪，而不給予封賞。

由於這個緣故，將領們都感到不安與不滿，於是，蓄謀反叛的跡象，日甚一日。朝廷中籠罩了一股風雨欲來的氣氛。

漢高祖感覺到氣氛不對，因此憂慮萬分，向張良問計。

張良說：

「陛下必須立刻做一件事。陛下有沒有平時就怨恨而欲加其罪，將領們皆知其事的人？」

「有，就是雍齒那傢伙，我一直恨得心癢癢。他有一些行爲實在做得太過份，但是，我就是看在他立功不小，暫時不便處罰他。」

「請陛下立刻把雍齒封侯，將領們的疑慮就煙消雲散了。」

漢高祖就召集眾將，舉行酒宴，當場宣佈封雍齒爲「什方侯」。

漢高祖當著大家的面前，催促宰相說：

「其他的人應該如何論功行賞，務必在近期內做個決定，莫再拖延不決。」

眾將一聽，無不鬆了一口氣說：

「連陛下最怨恨的雍齒都封侯了，我們這些人不必擔心了。」

第53個智慧錦囊

漢高祖把雍齒封侯，使那些本有叛意的將領，疑慮全消，事後對漢高祖起了忠誠不二之心。

這是高明的統御技巧。

以現代企業經營來說，在公司中，常有一些難予管理的員工。企業如果擬定某種新制度的時候，原是享有既得利益或是特權，以及受到影響的人，由於對新制度瞭解不夠，便很容易心生不滿，而衍生問題。

這時候，經營者必須主動向員工訴之以理，闡明新制度的優點以及帶給員工、公司的好處，呼籲員工上下一心，爲維護及貫徹新制度而努力。員工認清了新制度的優點之後，對企業的向心力就只增無減了。

相反地，如任意讓員工的疑慮繼續蔓延，整個企業就會元氣大傷。

漢高祖封雍齒爲侯，目的也是爲了消除眾將的疑慮，如果沒打出這一個「上謀之策」，任意讓眾將的不滿與不安爆發，漢朝的歷史恐怕就要改寫了。

現代企業的經營者，可以從這則史例，得到珍貴的啓示。

●智慧小點心：花的香氣，可以盈滿一室。
善的語言，可以受用一生。

第54篇 「一根骨頭」救了秦國

備受威脅，宰相謀略。
利益相爭，起了內亂。

一群策士，齊集在趙國，商討合縱（對付秦國的列國同盟）之策，計畫攻打秦國。

秦相應侯對昭襄王說道：

「王上，您不必爲此而感到憂愁，我有辦法拆散他們的計謀。

「秦國根本沒有理由，去挨受這些策士的仇怨。他們會相聚一室，謀攻秦國，只不過是想藉此揚名，獲取富貴罷了。

「王上，請您看看宮外的那一些狗，『臥者臥，起者起，行者行，止者止』，看似相安無事，現在，要是投一根骨頭給牠們，必頃刻間躍起，以牙相向（投之一骨，輕起相牙）。因爲這一根骨頭，而使牠們發生了爭奪之心。」

應侯於是向昭襄王說明他的謀略：

應侯命令唐雎，載一車子的樂隊，另外帶五千金子到武安，舉行盛大酒宴，款待那些策士。

應侯吩咐唐雎說：

「記住，在邯鄲（趙都）的那一夥人，是誰要來取金子，我們可不曉得，若是策動攻打秦國的人，萬萬不能給予金子。

「可以給的，你就跟他相處如兄弟。只要你事事爲秦國打算，金子如何用法，由你全權處理。

「金子分發完了，效果必定會顯現，問題就可以解決了。」

唐睢到了武安以後，五千金子還沒有用完，那些計畫合縱的策士們，就開始互相爭鬥了。

那些策士，果然如應侯的預料，「投之一骨，輕起相牙」，彼此之間起了爭奪，鬧得不歡而散。

第54個智慧錦囊

這就是利之所在，足以造成一個原是有理想、有目標的人，輕易陷入「迷失自我」的泥淖。

在現今錯綜複雜的企業界，一個公司的團結努力，往往會受到詭計藏心的一、二位勢利份子，破壞殆盡，這是值得經營者戒慎的事。

身為經營者，必須心胸寬廣，高瞻遠矚，尤其必須眼光看準，千萬不要用人不當，而使公司一敗塗地。

●**智慧小點心**：富貴人家常有窮親戚來往，就是厚道，也是福德。

第55篇 說破嘴也沒有用

智慧愚癡，一念之差。
層次不同，天地之別。

戎（西方蠻族）的人，看到曬在日光下的布，問說：

「這個長長的玩意，是從什麼東西造出來的？怎麼如此漂亮？」

旁邊有一個人指了指麻絲，說：

「是從這種麻絲製造出來的。」

戎的人就憤怒地說：

「騙人也不是這樣騙法，從這種粗粗刺刺的麻絲，怎麼能造出這麼光光亮亮的東西？你簡直是胡言亂語。」

第55個智慧錦囊

智者的眼光，可以看得遠，看得廣；而愚者的眼光，只能看得近，看得窄。

對看得近，看得窄的人，任你說破了嘴，也無法使其對深遠的因果關係有所領悟。

知識層次不一樣的雙方，爲某個問題溝通的時候，就爲了層次上的差距太大，變成有理說不清，往往會鬧得不歡而散。

以企業經營來說，自動溝通的一方（尤其是上司或是幹部），從事溝通時應注意到：

來。

一、把層次降到了與對方相同的層次，對事不對人，事情才能夠談得

二、要有相當大的耐心。一次溝通不來，就冷卻一段時間，找適當的時機，再次溝通。

三、溝通之前，必須充分準備，否則，萬一被對方說服，就等於主客易位，反而會留下難以化解的不良後遺症，那就比不溝通更麻煩。

●智慧小點心：不負責任的人，注定一生平庸，而且會阻礙到別人的成功。

第56篇 以恨養恨的王孫商

以弱擊強，難成大事。
全民怨恨，嚇倒敵國。

晉國的當權派趙簡子，派遣了晉國大夫成何、涉佗，與衛靈公在剸澤會盟。

衛靈公正要喝血宣誓的時候，成何與涉佗上前推開衛靈公的手，壓住他手中的杯子。

兩人舉止如此不禮貌，使得衛靈公心中大怒。

以恨養恨的王孫商

事後，衛靈公一直記恨此事，遂有反趙之心。

大臣王孫商進諫說：

「如果您想反趙，必須讓全體的國民一起去恨趙簡子，這才是最好的辦法。」

衛靈公問：

「那該怎麼辦？」

王孫商說：

「請讓我向全國如此下令：『有姊妹、婆媳、幼女等女性的每一個家庭，必須選出其中的一個，到趙簡子那裏做人質。』這麼一來，人民勢必怨恨趙簡子。等到全民對趙簡子的怨恨達到極點，這才起而反趙。臣認爲這才是上策。」

衛靈公同意了他的建議，立刻下達王孫商所建議的那一道命令。

三天之內，合乎條件的女人，都被召集到各地官署。

街上到處出現悲憤、哭泣的人群。

衛靈公見時機成熟，召集眾臣說：

「趙簡子的行爲實在不合人道，我們是不是該起而反抗？」

眾臣齊聲說道：

「抗趙正是時候。」

衛靈公立刻向趙簡子表明不惜一戰。

趙簡子聞訊，心驚膽跳。

趙簡子馬上逮捕了涉佗，處以斬刑，以示向衛國謝罪。

成何在捕吏即將到達之前，逃往燕國。

孔子的學生子貢，聽到這件事就說：

「王孫商的腦筋，實在是旁人莫及。仇恨一個人又能使其痛苦，國有災禍而能敏於應變，又能趁機使民心馴服。一舉數得，謀略之高，令人佩服。」

第56個智慧錦囊

衛國是一個弱小的國家，要反叛強大的當權派趙簡子，如以卵擊石，無異自尋毀滅。

於是，衛靈公策劃動員全民「恨趙」的謀略。

如何引導大眾，造就共同的敵人，藉以孕育出同仇敵愾的心，這是王孫商秘謀的重點。

怨恨，是人類眾多本能中，蘊含最大能量的情緒。一旦爆發時，威力之巨大，比任何物理性的力量，更具殺傷力。

企業如果面臨危機的時候，經營者必須向員工做出確實的狀況分析，以找出應變之策，而同心協力，化險爲夷。

這時候，如果訴求得當，贏得員工認同，就會獲得一舉數得之效，再大的危機也能安然度過。

●**智慧小點心**：人生最大的愛心是利眾。
人生最大的疾病是煩惱。
人生最大的悲哀是無知。
人生最大的財富是智慧。

第57篇 將軍被嚇昏了頭

眼光獨到，適才適用。
精於一技，立了大功。

楚國將軍子發，喜歡招聘精於一技的士人。

有一天，來了一個擅長於偷竊的人，他向子發說：

「我聽到將軍最欣賞精於一技的人，我雖然只是個小偷，但偷天換日的技巧一流，我願意爲將軍效勞。」

子發一聽，對他客氣萬分，馬上錄用。

子發的侍臣說：

「將軍，這個人也不過是個小偷，何必如此禮遇？」

子發告誡說：

「不要說那種話，你們不懂。」

不久，齊國攻打楚國，子發率軍抵抗，打了三次戰，三次都落敗。楚國的重臣都絞盡腦汁，要想出對策，但就是無計可施。齊軍的勢力只增無減，楚軍正在大傷腦筋的時候，小偷向子發說：

「我有一個好計策，請准許我爲將軍效命。」

子發正在苦思無策，聽了他的計畫後，立刻允許了他。

當夜，小偷溜進齊國陣營，把將軍的帳幕偷回來，獻給子發。

子發就派人把帳幕送回齊國將軍那裏，說：

「我的士兵們出去揀柴，居然把將軍的帳幕也揀回來了，我特地差人奉還將軍。」

隔天夜裏，小偷又出動。

這一次，他是把將軍的枕頭偷回來。

子發照樣又差人送回去。

第三個晚上，偷回的是齊國將軍的髮夾，子發還是派人把它送回去。

齊軍風聞這個消息，無不大驚。

齊國將軍跟軍官們商量說：

「今天再不撤兵回去，晚上，楚國將軍恐怕要派人來割下我這個腦袋了。」

齊軍因而連夜撤退。

第57個智慧錦囊

任何技藝，絕對不能夠只看表面，以爲不值一用。可用、不可用，或用得有無成效，就看經營者的智慧。

經營者必須具備發掘部屬專長的眼光，這就是所謂的「適才適用」。

公司裏有眾多專精一技的人才，對危機必然會有超乎想像的應變力，這必須靠經營者平時要有識人之明。

●**智慧小點心**：人在認眞工作的時候，就是頭腦最靈敏的時刻。

第58篇 出神入化的讀心術

把酒同歡，危機四伏。
敏銳之心，看穿一切。

魯人郈成子奉命出使晉國，途中到了衛國。衛國的好友右宰穀臣（衛大夫）留住他，請郈成子喝酒，酒席上還奏樂助興。在酒宴中，他還送一顆璧給郈成子。

郈成子從晉國回魯國時，途中又到了衛國，這一次，卻沒有到右宰穀臣那裏打個招呼。

駁者奇怪地問：

「前一次，右宰穀臣請您喝酒，您也顯得高高興興，這一次又到了衛國，您怎麼不去問個安呢？」

郈成子說：

「右宰穀臣留住我喝酒，是想跟我同歡。

「奏樂助興，臉色卻悶悶不樂，是對我暗示，他有心事。

「酒宴當中，他送給了我一顆璧，那是把璧暫時託我保管的意思。

「我從這些前前後後的跡象來揣測，衛國就要發生變亂了。」

郈成子離開衛國三十里後，就聽到寧喜（衛大夫）叛亂，右宰穀臣被殺的消息。

郈成子立刻把馬車折返，往右宰穀臣的宅邸悼喪，大哭三聲才離去。

郈成子一回到魯國，就派人到衛國，把右宰穀臣的妻子小孩接來，在家中挪出一角，讓他們安住下來，也分一部份俸祿給他們做生活費，當孩子長大成人後，邱成子就把那顆璧，還給右宰穀臣的孩子。

第58個智慧錦囊

由此可知，邱成子除了對朋友講道義，與擁有慈悲的心；另外，邱成子的「讀心術」，可以說是到了出神入化的境界。

傑出的企業幹才，必須具備類此「看穿內情」的眼力，才能在複雜多變的商場，馳騁得勝。

感應與靈敏度過於遲鈍，無異喪失經商利器，在外與人交涉、談判，勢必居於劣勢，而且容易失掉商機，那就好像永遠在打沒有把握的戰爭。

●智慧小點心：讀好書，交好友，學好人，做好事。

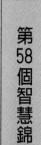

第59篇 功夫到了顛峰

成功失敗，必有其因。
高人出招，果然不凡。

趙國時代，有一位精於養鬥雞的紀省子，凡是經過他訓練的每一隻鬥雞，都是百戰百勝。

有一天，國王慕名請紀省子替他訓練一隻鬥雞參加比賽。

十天後，國王問他：

「怎麼樣？可以派牠比賽了嗎？」

「不，還早。現在，這隻鬥雞只會擺出空架子而已。」

過了十天，國王又問他，他回答：

「還早。現在，只要聽到其他的鬥雞一叫，或是看到了影子晃動，牠就起而對抗，還沈不住氣。」

又經過了十天，國王再向他問起同樣的問題，他回答說：

「還早。一見對方，雙眼就發出怒火，還有顯出威勢驕傲的習慣。」

再過了十天，國王又問紀省子，是不是可以派牠比賽了？

紀省子答說：

「牠可以上場了。現在，對方怎麼叫、怎麼挑戰，牠總是不動聲色。遠遠看牠，簡直是一隻木刻的鬥雞。這證明這隻鬥雞的氣勢已經充足，威望自成，任何一隻鬥雞跟牠交戰，都會敗下陣來。」

這隻鬥雞果然如紀省子所言，每戰必勝，讓國王佩服不已，而賞予紀省子豐厚的銀子。

第59個智慧錦囊

由紀省子訓練鬥雞的技巧，延伸至企業人才的培養，可以體會出：每個經營者都渴望自己的公司，能夠以最有效的方法，使人才輩出。這則故事，爲經營者與幹部，指出了培養人才的方法。

1 培養人才必須循序漸進，絕不能亂了步驟。
2 培養人才要重視對方的學習效果。
3 培養人才者，要講求每個階段的教育方法。
4 培養人才者，要完全掌握學習者的心態。
5 培養人才者，要有絕對勝利的信心。

●智慧小點心：白日所爲，夜來反省，是惡當驚，是善則喜。

第60篇 一箭定江山

以利為餌，趨之若鶩。

善用機緣，水到渠成。

戰國時代，服侍於魏文侯，在「上地」當太守的李悝，為了讓人民精於弓箭術，因此下了命令：

「此後，訴訟案件難以判定誰是誰非的時候，由雙方比箭。誰射中了箭靶，就判誰勝訴；射不到箭靶者，就判爲敗訴。」

佈告一出，人人忙於學習射箭，熱烈的程度，幾乎晝夜不分。

不久，魏、秦之間起了戰爭。李悝率領的軍隊與民兵，由於個個精於弓箭術，把秦軍打得落花流水。

第60個智慧錦囊

獎勵，有時不一定把目的明確化，只要獎勵中有「利」的因素存在，即使與眞正的目的，只有間接的關係，也足以激起眾人的行動。

韓非子說過：

「鰻魚的外形與蛇類相似，蠶的外形與毛毛蟲相似。一般人看到蛇就悚然一驚，看到毛毛蟲也會嚇一跳。

「但是漁夫見到了鰻魚，就毫不猶豫地伸手抓住牠；女人以手抓蠶，而面不改色。只要利之所在，人人趨之若鶩。」

現代企業在激發員工爲公司效命之前，應該先向員工灌輸：

「爲了自己的幸福與前途著想，必須盡忠職守，致力於工作。」爲自己的幸福、前途而致力於目前的工作，就能增加收入，這是一種利於自己的行爲。

這種利於自己的事，員工當然聽得進去，當每一個員工在這一種觀念下，孜孜工作，善盡職守，公司又能夠言而有信地給予獎賞，業績自然蒸蒸日上，達到公私兩美的境界。

一般的企業，只會不斷要求員工「爲公司而奉獻」，忽略了強調員工「爲自己的幸福、前途」而努力於工作。因此，容易引起員工的反感，甚至造成勞資對立的局面。

智慧的經營者，應從李悝的謀略中，學到激勵員工向上的管理技巧。

●智慧小點心：生活簡單就是美，簡單就是妙法。

第61篇 愛怎樣就怎樣的後果

一時差錯，禍根已生。
叛變乍起，為時已晚。

鄭國公子歸生，率軍攻打宋國。
宋國將軍華元，立刻決定率兵在大棘（宋邑）應戰。
華元戰車的駕馭者是羊斟。
戰爭前夕，華元設宴招待所有的士兵，唯獨沒有叫羊斟參加。
羊斟心裏有氣，第二天，兩軍對峙，即將兵馬相衝的時候，羊斟就對華元憤怒地說：

「昨天晚上宴飲，將軍愛怎樣就怎樣，今天，可輪到我愛怎樣就怎樣了。」

話剛說完，羊斟就驅著戰車，不顧一切，向鄭軍亂衝。

宋軍由於羊斟不聽將軍華元的指揮，而橫衝直撞，結果宋軍慘敗，華元將軍也被俘虜了。

第61個智慧錦囊

士為知己者死，華元宴請士兵，居然沒有請自己的駕馭者參與，這種思考不周全的將軍，落得戰敗被俘，乃是理所當然，咎由自取。

有些企業經營者，也常犯了這種毛病。對一些忠心耿耿的部屬，往往視為理所當然，忘了他們的存在，甚至頤指氣使。

有一天，惹了忠心耿耿的部屬反彈，很可能就像羊斟對待華元將軍，硬碰硬，兩敗俱傷，身爲經營者必須引以爲鑑。

●**智慧小點心**：不要相信命運天注定，人的一切行爲，才是決定自己一生的命運。

第62篇 當下頓悟的孟嘗君

心中有恨，處處必有荊棘。
心有多寬，眼界就有多遠。

有一年，孟嘗君因故被驅離齊國，過了幾年，孟嘗君又回到齊國。

譚拾子遠到國境去迎接他，問說：

「您恨齊國那些贊成趕走你的士大夫？」

「當然。」

「您是不是打算殺了他們，一洩心中的氣？」

「正是。」

「事有必至，理有固然。您知道這句話的意思嗎？」

「我不知道。」

譚拾子接著說：

「事有必至，指的是死；理有固然，指的是你富貴了，別人就會依附你，你貧窮，別人就會離開你。這叫做『事有必至，理有固然。』

「拿市場來譬喻吧。市場在清晨時人潮擁擠，一到黃昏就空蕩蕩。

「這可不是人們在清晨就喜歡市場，在黃昏就討厭市場，而是清晨的市場有好貨可買，黃昏的市場無貨可售的緣故。

「因此，您必須消除心中的那一股怨恨。」

孟嘗君聽完譚拾子的一番話後，頻頻點頭，馬上拿出刻上人名的五百張木牘（刻的都是他所怨恨的人），一一將它削去，從此再也不提怨恨這些人的事了。

第62個智慧錦囊

有好貨可賣的市場，消費者就趨之若鶩；無好貨可賣的市場，則門可羅雀。

同理，經營者若是所作所爲，使員工覺得這家公司值得做下去，這位經營者值得跟隨，員工就會心服口服，士氣自然會高昂，公司必然成長。

孟嘗君聽從了譚拾子的諫言，削去刻上所怨恨的五百張木片人名，這一種欣然納諫的風度，也是經營者應該學習的處世智慧。

●**智慧小點心**：人以財富來裝扮外表，不如用道德來美化心靈，更令人賞心悅目。

第63篇 君子與小人的差別

陽奉陰違，半明半暗。
君子小人，各有習性。

從前，有人把一條珍貴的魚，獻給了子產。

子產命令校人（管理池塘的小吏），把這條珍貴的魚養在池塘裏。

那個校人居然把魚煮了吃掉，然後，若無其事地向子產報告說：

「那一條魚，剛放進池塘裡還是畏畏縮縮的，不一會兒，魚就舒展了身子，悠然自得地游進深水裏去了。」

子產聽後，高興地說：

「得其所哉，得其所哉。」

那個校人回家後，向他的哥哥說：

「誰說子產是個聰明絕頂的人？我早就把魚煮了，吃進肚子裏，他還說什麼『得其所哉，得其所哉。』」

校人的哥哥聽完話後說：

「你這一種陽奉陰違的舉止，是小人的卑鄙手法，還自以爲聰明，我眞是替你感到慚愧。」

第63個智慧錦囊

這就是說，「君子可欺以其方」（使用合情合理的方法，就很容易騙過君子），但是「難罔以非其道」（使用違背情理的欺騙手段，就會被君子看穿）。

從這個故事中可以體會出：當別人以極其合理的話向你說服，別只是看到「極其合理」的一面，而疏忽了對方背後裏，存心欺詐你的「眞正企圖」。

●智慧小點心：有信仰的人最富貴。有道德的人最安樂。有修行的人最安心。有智慧的人最可敬。

第64篇 話裏藏刀的酈食其

恩威並施，不疑有詐。
自我陶醉，羊入虎口。

漢王劉邦派酈食其，晉見齊王商談要事。

酈食其謁見齊王時，開口就說：

「大王可知道天下將歸於何人？

「漢王劉邦已統御了天下之兵，擁立諸侯的後裔。每當攻下一城，漢王就把它封給有功的諸侯；財貨一到手，漢王就把它散給士卒。

「如此，普天下的豪傑、英雄、賢人、才士，無不欣然跟隨漢王，諸侯兵馬也四方集來。

「反觀項王，一直不承認別人的功勞，不忘別人犯的過錯。因此，將士即使打了勝仗，也得不到恩賞；攻下城池，也得不到封邑。除非是項氏族人，誰也無法參與重要的政務。

「由於這個緣故，普天下的人紛紛離叛，賢人、才士都不齒項王的作風。如此比較，當知天下必歸於漢王。

「如果大王早日依從漢王，齊國必可存續。齊王如果不作此圖，滅亡的危機即刻到來。」

齊王說：

「所言甚是。」

從此以後，齊王就怠忽了防備，天天耽溺於酒宴。

韓信獲知酈食其已經憑其說服力，使齊王撤除齊國七十餘城的防備，因而趁機揮軍攻齊。

齊王至此才頓悟酈食其當初到齊國的眞意，齊軍兵敗如山倒，後悔莫及之下，齊王落荒逃到東方的高密。

第64個智慧錦囊

趁敵人戒備放鬆時，乘機而攻，勝算必大。這是兵家慣用的手法。

由酈食其向齊王使計，讓齊王掉入陷阱這件事來觀察，對現代企業的經營者與幹部頗有啓示性。

一、從經營者的立場來看：

經營者必須具備以下的條件，員工才會忠誠歸心，企業的錦繡前程，才能夠成爲事實。

1擁有智慧的企業眼光。

2心胸寬厚，公正待人。
3重視員工的品德與福利。
4管理科學化、合理化。
5善於應變，統御有方。
6尊重人才，勇於授權。
7具備旺盛的求知欲望。
二、從主管、幹部的立場來看：
爲人上司者，必須具備以下的基本特質，才能夠帶動部屬，產生所向無敵的戰鬥力，建立固若金湯的企業。
1有銳利精確的目標指向力。
2有育才能力。
3有自我革新力。
4有引發部屬工作意願的教育能力。

5有開源節流的能力。
6有良好的品德與管理能力。
7公正無私，做事情有擔當。

●智慧小點心：想做事，就不要怕困難。
要做事，就不要找藉口。

第65篇 舌劍唇槍動天地

舌峰銳利，力拔山河。
直搗要害，氣死軍師。

三國時代大和元年，魏帝（曹叡）聞知孔明出兵到祁山的消息，不覺心驚肉跳。

曹眞在躊躇不前中，被魏帝封爲總司令（副總司令爲郭淮，軍師爲王朗），於同年十一月，曹眞率兵出征，在祁山前方與蜀軍對峙。

決戰之前，雙方先起了論戰。

舌劍唇槍動天地

首先是軍師王朗策馬奔至陣前，向孔明大聲說：「你通達天命，亦識時務，爲什麼挑起這一場毫無理由的戰爭？你要明白，天命有變，帝位更新，歸於有德之士，這是大自然顚撲不破的道理。」

王朗不斷述說曹操的功德，最後補了一句：

「順天者昌，逆天者亡，你們還是快快歸順大魏吧。」

由於王朗能言善道，說得頗有幾分說服力，蜀軍將兵受到了感動。

這時，孔明卻一直緘口不言。

孔明的參謀馬謖，心想：

「從前，季布大罵漢高祖，氣勢之烈，居然破了敵陣。王朗分明是效法那個季布。」

就在這時候，孔明大笑數聲，向王朗斥說：

「你原是漢朝的大元老，我還以爲會有什麼高見，値得我洗耳恭聽，沒想到，說出來的全是滿口廢言。

「此次，本人奉君命出兵，旨在討伐逆賊，大義分明，日月共鑑。

「你膽敢站在陣前，厚顏無恥地大說天命如何如何，簡直是荒謬到了極點。

「你這白鬍子叛賊，想必即將奔赴冥府了。到時候，你有何面目，見漢朝二十四帝？

「你趕快滾到一邊去，派出其他的逆臣出來一決勝負吧。奸詐如你，哪有在此撒野的資格。」

孔明剛說完話，王朗就吐血滾落於地，當場斃命，魏國因此而兵敗如山倒。

第65個智慧錦囊

王朗訴之於理，使聽者為之動容。

孔明卻訴之於情，使王朗的高論卓說，黯然失色。

王朗自知敗北，當場氣憤吐血而死。

訴之於理，不如訴之於情。在辯論的場合，訴之於情，是撼動人心，壓倒對方的最佳武器之一。

尤其在商業談判的時候，若是要氣吞對方，訴之於感情，比訴之於道理，更見效果。

推銷商品的時候，除了對商品做一番精簡明確的說明，也要訴之於顧客的感情，這樣才容易激發顧客潛在的購買欲望，而馬到成功。

●智慧小點心：肯工作，所需要的是勤勞與堅忍。肯工作又能夠快樂地工作，則是一種智慧。

第66篇 一技之長用得恰恰好

身有一技，獲得賞識。
緊要關頭，轉危為安。

趙國時代，公孫龍向弟子們說：

「我不跟連一技之長都沒有的人來往。」

有一天，來了一個穿著簡陋的人，毛遂自薦向公孫龍說：

「我的專長就是嗓門特別大。」

公孫龍看看弟子們，問說：

「我的門下，可有嗓門特別大的人？」

弟子們回答說：「沒有。」

公孫龍就命令說：

「好吧，把他錄用爲弟子。」

數天後，公孫龍到燕王那裏遊說，中途遇見了一群強盜，公孫龍與弟子們，急忙逃到河邊，瞧見渡船停在對岸遙遠的地方。

於是，公孫龍吩咐那個大嗓門的弟子，向對岸大聲呼叫。

這弟子的嗓音，果然響亮無比，僅僅呼叫了一聲，渡船就快速地划過來，公孫龍與弟子們，也因此逃過了一劫。

第66個智慧錦囊

智者絕不輕視精於一技的人，即使那一技，看似毫無用處。

以現代企業的經營管理來說，這就是「只看員工的長處」，「讓員工有機會發揮他的長處」。

有一些經營者常常感嘆說：「我的公司沒有人才。」其實不是沒有人才，而是他對人才的看法有偏差。這種經營者心目中的人才是完美無缺，絕對不會犯任何錯誤。

以這種眼光看員工，難怪他會覺得全公司都沒有人才。他爲什麼不先想想，自己是不是完美無缺的經營者？

企業的發展，必須靠各種人的各種長處，互相補其不足，發揮出集體的力量，公司才能夠日益茁壯。

經營者或主管，如果只知道猛挑部屬的缺點，必定整日自陷苦惱中，如此，員工與公司就不會有美好的前途與發展。

●智慧小點心：貪圖功利，便會有麻煩。

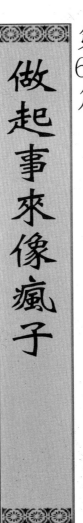

第67篇 做起事來像瘋子

熱心忠誠，無堅不摧。
樂於工作，無事不成。

有一天，巫馬子問墨子說：

「你想實施正義，但是，偏偏沒有人照你的意思做，連神佛都無意幫助你。你明知如此，還那麼執意、熱衷，這不等於是瘋子做瘋事嗎？」

墨子答說：

「假定你家裏有兩個僕人。一個是見了你，就會起勁地工作，你走開了，他就翹起了雙腿，悠哉悠哉。另外一個是，不管你在或不在，總是戰戰兢兢，盡忠職守。若是你，要把哪一個當寶呢？」

「那還用說，當然把那個不管我在或不在，都認眞工作的當寶。」

「這麼說，你還不是跟我一樣，重視一個做起事來，像瘋子的人。」

第67個智慧錦囊

一些喜歡投機取巧的幹部、員工，在經營者的面前，往往表現得一副很忙的模樣，背後則盡做一些偷雞摸狗的事。

做事認眞的幹部、員工，做起事情來，一定都有一股狂熱。

這種狂熱就是推動他做事的原動力。他就靠它在心中好像裝上了「熱忱」、「興趣」、「忘我」的馬達一樣。

一個人只要具有這種「瘋於工作」、「瘋於公司」的熱心、忠誠，必然是無堅不摧，無事不成。

●**智慧小點心**：智慧是無相的，既抓不到，也看不到；但碰到困難時，當下即知道如何圓滿處理。

第68篇 賢人就在賢人的旁邊

賢人伙伴，必是賢人。物以類聚，千古不變。

齊國名臣淳于髡在短短一天之內，引見了七個人才給齊宣王。

齊宣王對淳于髡說：

「我聽過這樣的話：好的人才就算千里四方才有一個，但比肩站立總有可能；聖人就算一百年才會有一個，但總能不斷出現。

「你卻在一天之中，向我引見了七個人才。世上的人才，看來可眞不少啊。」

淳于髡答說：

「且看樹上那一些鳥兒，羽毛相同的，就聚在一起；野獸們角爪相同的，就一起行走。

「如今要是在濕地尋找柴胡或是桔梗（長在山地的藥草），累世不得其一。

「要是跑到睪黍（山名）或梁父（山名）的北側，可以載滿一車子，推都推不動。這就是說，物各有伙伴。

「我是賢人的伙伴（賢者之疇也），大王向我求才，那就好像從河裏汲水，從取火的工具——燧石中取火一樣。不僅僅是七個人，我還打算引見更多的人給您。」

第68個智慧錦囊

君子的伙伴，必定也是賢人。

小人的伙伴，必定也不是善類。

名臣所引見的人，九成會成爲名臣的大人物；奸臣所引見的人，九成會成爲奸臣的角色。

物以類聚，這是千古不變的道理。想要尋找人才，只要從現有的幹才當中，尋其伙伴，必定大有收穫。這是最簡捷有效的尋才方法。

●**智慧小點心**：幸福不是來自於外面，而是來自於內心的感受。

第69篇 只為天下百姓著想的王曾

做人處事，皇帝賞識。
傑出宰相，令人佩服。

仁宗皇帝的宰相王曾，是歷史上有名的好宰相。

那個時期，宰相的更迭很頻繁。

例如：丁渭、王欽若、張知白、張士遜、呂夷簡等人都做過宰相，但是做不了多久，都被仁宗換掉。

只有王曾，一連做了八年的宰相，表現得非常傑出。

王曾沒有當宰相之前，每逢錄用官吏的考試，王曾都名列第一。

有人很羨慕地告訴王曾：

「你這樣一路晉升，有一天，必定侍祿豐厚，住進豪華壯麗的宅邸，過著美衣、美食的富貴安樂日子。」

王曾聽後臉色凝肅地說：

「這是什麼話？我的志向不在求得富貴。我只想爲國家盡力，爲天下老百姓謀福利，請你別再用那種眼光看我了。」

王曾當了宰相後，一連發生過很多棘手的事。面對那些困難，他總是態度從容，處事明快，所以各種難題都在短期內，逐一解決。

朝臣們看他辦事的速度和效率，公認他是國之棟樑。

王曾當宰相的期間，推薦了不少賢能之士給皇帝。

王曾舉薦賢士的時候，從不告訴那個人，因此被舉薦的人，一直都不知道自己是被什麼人提拔的。

一般人總是會把這一種事告訴對方，藉此使對方有受恩如山的感覺，王曾卻從來不這麼做，只是默默推薦賢能之士。

一個朋友向王曾說：

「你至少也得告訴對方一聲，人家才會知恩圖報。」

王曾答說：

「把恩情歸於自己，那麼，怨恨呢？要轉嫁給誰？」

第69個智慧錦囊

宰相王曾的意思是：把錄用的恩情歸於自己，如果官吏給貶了職，一切怨恨豈不歸於皇帝？

這是最大的不忠，王曾的想法就是這樣。

以現代的企業經營而言，薦人不居功，就是一種爲公司的利益，而全力衝刺的忠心行爲。

有功而不居其功，只知爲公司的利益著想，默默行使職權，這是做人處事應有的品德與態度，而且會受到別人的尊敬。

●**智慧小點心**：好山好水好天氣，不如好心情。

第70篇 因信任而信任的趙襄子

用人有方，充滿自信。
推薦之人，不必懷疑。

晉國的趙襄子，起用傑出的任登爲中牟令。不多久，任登就在報告書裏說：

「中牟有個不尋常的人物，他叫做膽胥己，請接見他。」

趙襄子接見之後，想錄用他做中大夫。

一位大臣反對說：

「您想錄用膽胥己，追根究柢，只不過是聽到膽胥己的風評罷了，並非您親眼印證過他的確是個大才。任用一位中大夫，不能這麼隨便，晉國沒有這種先例。」

趙襄子答說：

「我起用任登的時候，不但聽到了風評，也親眼印證過他的為人。如今，對任登推舉的人才，如果我也要親眼去印證，這不但太麻煩，也非信任之道。」

第70個智慧錦囊

這是經營者信任部屬的另一種授權方式。

由於經過查證，而信任了某一位大才，之後對他推薦的人，也給予信任，這才是用人之道。免除了繁複的手續，照樣可以使企業人才群集，經營者有這樣的眼光與氣度，才會使企業不斷地茁壯、繁榮。

●智慧小點心：遠離邪惡的人，親近有智慧的人，尊敬品德高尚的人，這是最吉祥的事。

彩色圖解太極武術

1 太極功夫扇

定價220元

2 武當太極劍

定價220元

3 楊式太極劍

定價220元

4 楊式太極刀

定價220元

5 二十四式太極拳+VCD

定價350元

6 三十二式太極劍+VCD

定價350元

7 四十二式太極劍+VCD

定價350元

8 四十二式太極拳+VCD

定價350元

9 楊式十六式太極拳 十八式太極劍

定價350元

10 楊氏二十八式太極拳+VCD

定價350元

11 楊式太極拳四十式+VCD
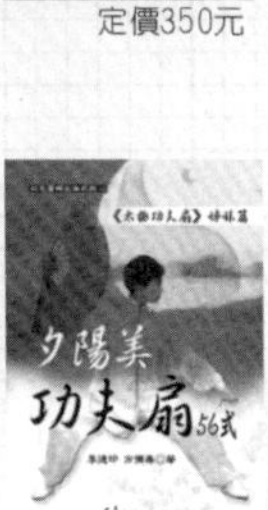
定價350元

12 陳式太極拳五十六式+VCD

定價350元

13 吳式太極拳五十六式+VCD

定價350元

14 精簡陳式太極拳八式十六式

定價220元

15 精簡吳式太極拳三十六式 拳架・推手

定價220元

16 夕陽美功夫扇

定價220元

17 綜合四十八式太極拳+VCD

定價350元

18 三十二式太極拳 四段

定價220元

19 楊式三十七式太極拳+VCD

定價350元

20 楊氏五十一式太極劍+VCD

定價350元

今養生保健法　强身健體增加身體免疫力

養生保健 系列叢書

1 醫療養生氣功

定價250元

定價250元

3 少林醫療氣功精粹

定價250元

4 龍形實用氣功

定價220元

5 魚戲增視強身氣功

定價220元

7 道家玄牝氣功

定價200元

8 仙家秘傳袪病功

定價160元

定價180元

10 中國自控氣功

定價250元

11 醫療防癌氣功

定價250元

12 醫療強身氣功

定價250元

13 醫療點穴氣功

定價250元

14 中國八卦如意功

定價180元

定價420元

16 秘傳道家筋經內丹功

定價300元

17 三元開慧功

定價250元

18 防癌治癌新氣功

定價180元

19 禪定與佛家氣功修煉

定價200元

20 顛倒之術

定價360元

定價360元

22 八卦三合功

定價230元

23 朱砂掌健身養生功

定價250元

24 抗老功

定價230元

25 意氣按穴排濁自療法

定價250元

27 健身祛病小功法

定價200元

定價250元

29 中國璇密功

定價250元

30 中國少林禪密功

定價200元

31 郭林新氣功

定價400元

32 八卦之源與健身養生

定價280元

33 現代原始氣功 1

定價400元

太極跤

1 太極防身術

定價300元

2 擒拿術

定價280元

3 中國式摔角

定價350元

簡化太極拳

1 陳式太極拳十三式

定價200元

2 楊式太極拳十三式

定價200元

3 吳式太極拳十三式

定價200元

4 武式太極拳十三式

定價200元

5 孫式太極拳十三式

定價200元

6 趙堡太極拳十三式

定價200元

原地太極拳

1 原地綜合太極二十四式

定價220元

2 原地活步太極四十二式

定價200元

3 原地簡化太極拳二十四式

定價200元

4 原地太極拳十二式

定價200元

5 原地青少年太極拳二十二式

定價220元

6 原地兒童太極拳十捶十六式

定價180元

國家圖書館出版品預行編目資料

智慧大餐／空字串　著
－第1版－台北市：大展，2007【民96】
面；21公分－
ISBN 978-957-468-539-4 （平裝）
1.人生哲學－通俗作品　2.中國－歷史－通俗作品

191　　96004938

智慧大餐

ISBN 978-957-468-539-4

作　　者／空字串
封面照片／王俠軍
發 行 人／蔡森明
出 版 者／大展出版社有限公司
社　　址／台北市北投區（石牌）致遠一路2段12巷1號
電　　話／(02)28236031・28236033・28233123
傳　　真／(02)28272069
郵政劃撥／01669551
網　　址／www.dah-jaan.com.tw
E-MAIL／service@dah-jaan.com.tw
登 記 證／局版台業字第2171號
承 印 者／高星印刷品行
裝　　訂／建鑫裝訂有限公司
1版1刷／2007年（民96年）6月

定價250元